ドキドキときめき

おんなのこの
めいさく
だいすき

ささき あり

西東社

もくじ

しらゆきひめ …………………………… 4
グリム童話

おやゆびひめ …………………………… 14
アンデルセン童話

にんぎょひめ …………………………… 24
アンデルセン童話

あかずきん ……………………………… 34
グリム童話

おおきな かぶ …………………………… 42
ロシアの昔話

みにくい あひるのこ …………………… 50
アンデルセン童話

かぐやひめ ……………………………… 60
日本の昔話

ブレーメンの おんがくたい …………… 70
グリム童話

ヘンゼルと グレーテル ………………… 80
グリム童話

おむすびころりん ……………………… 90
日本の昔話

うらしまたろう ………………………… 98
日本の昔話

こびとと くつや ……………………… 106
グリム童話

ゆきおんな ⋯⋯⋯⋯⋯⋯⋯⋯⋯⋯⋯⋯⋯⋯ 114
日本の昔話

あおいとり ⋯⋯⋯⋯⋯⋯⋯⋯⋯⋯⋯⋯⋯⋯ 122
世界の名作（フランス）／モーリス・メーテルリンク

おどる 12にんの おひめさま ⋯⋯⋯⋯⋯ 130
グリム童話

つぐみの ひげの おうじ ⋯⋯⋯⋯⋯⋯ 140
グリム童話

ななつの ほし ⋯⋯⋯⋯⋯⋯⋯⋯⋯⋯⋯ 150
世界の名作（ロシア）／トルストイ

まめの うえに ねた おひめさま ⋯⋯⋯ 158
アンデルセン童話

はくちょうの みずうみ ⋯⋯⋯⋯⋯⋯⋯ 164
世界の名作（ドイツ）／ヨハン・カール・アウグスト・ムゼーウス

しょうこうじょ ⋯⋯⋯⋯⋯⋯⋯⋯⋯⋯⋯ 174
世界の名作（アメリカ）／フランシス・ホジソン・バーネット

ピーターパン ⋯⋯⋯⋯⋯⋯⋯⋯⋯⋯⋯⋯ 186
世界の名作（イギリス）／ジェームス・マシュー・バリー

オズの まほうつかい ⋯⋯⋯⋯⋯⋯⋯⋯ 200
世界の名作（アメリカ）／ライマン・フランク・ボーム

12の つき ⋯⋯⋯⋯⋯⋯⋯⋯⋯⋯⋯⋯⋯ 214
スロバキアの昔話

クレオパトラ ⋯⋯⋯⋯⋯⋯⋯⋯⋯⋯⋯⋯ 228
伝記

ヘレン・ケラー ⋯⋯⋯⋯⋯⋯⋯⋯⋯⋯⋯ 238
伝記

3

しらゆきひめ

グリム童話

おしろに　かわいい　おひめさまが　うまれました。
はだが　ゆきのように　しろかったので、
「しらゆきひめ」と、なづけられました。
おきさきさまは　あかちゃんの　しらゆきひめを
たいへん　かわいがりました。

しかし、おきさきさまは　まもなく
なくなってしまったのです。
それから　いちねんほどして、おうさまは
あたらしい　おきさきさまを　むかえました。

あたらしい おきさきさまは、
じぶんが きれいであることが じまんでした。
まいにち、まほうの かがみに たずねます。
「かがみよ、かがみ。
　この よで いちばん うつくしいのは だあれ?」
「それは、おきさきさまです」
まほうの かがみは、ほんとうの ことしか いいません。
おきさきさまは まんぞくして、にっこり うなずきました。

なんねんか たった あるひ、おきさきさまが
いつもと おなじように かがみに たずねると、
ちがう こたえが かえってきました。
「いちばん うつくしいのは、しらゆきひめです」
しらゆきひめは せいちょうして、
うつくしい むすめに なっていました。
おきさきさまは くやしくて たまりません。
おこって、りょうしに めいれいしました。
「しらゆきひめを ころしておしまい！」

りょうしは こころの やさしい
しらゆきひめを ころすことなど できません。
おきさきさまには ないしょで、
しらゆきひめを もりへ にがしました。

しらゆきひめは、もりを さまよううちに、
ちいさな いえを みつけました。
くたくたに つかれていたので、
「ちょっとだけ……」
と、ベッドで ねむりこんでしまいました。

いえに もどってきたのは、7にんの こびとたち。
「おや、かわいいこが ねむっているよ」
めを さました しらゆきひめは、あやまりました。
「かってに おうちに はいって、ごめんなさい」
こびとたちは、にこにこ ほほえみました。
「いいよ、いいよ」
「すきなだけ いれば いいよ」
しらゆきひめは こびとたちと いっしょに
くらすように なりました。

しらゆきひめが いなくなったあと、
おきさきさまは また かがみに たずねました。
こんどこそ、じぶんが いちばん うつくしいはずです。
「かがみよ、かがみ。
　この よで いちばん うつくしいのは だあれ？」
かがみは きっぱり こたえました。
「それは しらゆきひめです」
かがみの なかで しらゆきひめは、
こびとたちと たのしそうに わらっています。
「しらゆきひめ。まだ、いきていたんだね！」

おきさきさまは　おばあさんに
ばけて、こびとの　いえへ　いきました。
「おいしい　りんごは　いらんかね」
しらゆきひめが　かおを　だすと、
どくの　はいった　りんごを　わたしました。
「とれたての　りんごだよ。さあ、めしあがれ」
「まあ、おいしそう」
りんごを　かじったとたん、
しらゆきひめは　ばったり　たおれてしまいました。

しごとから　かえってきた　こびとたちは、びっくりしました。
「しらゆきひめ、どうしたの？」
「おねがい。めを　さまして」
みんなで　てあてを　しましたが、
しらゆきひめは　めを　とじたままです。
あきらめきれない　こびとたちは、
ガラスの　はこに　しらゆきひめを
ねかせて、みまもりました。

そこへ、みちに まよった
となりの くにの おうじさまが やってきました。
しらゆきひめを みて、こころを うばわれます。
「なんて うつくしい おひめさまだろう」
おもわず だきおこすと、しらゆきひめの くちから、ぽろん。
りんごの かけらが こぼれおち、
しらゆきひめが めを あけました。

こびとたちは　おおよろこび。
おうじさまは、しらゆきひめを　みつめました。
「ぼくと　けっこんしてください」
しらゆきひめは　おうじさまを　みつめかえして
うなずきました。
ふたりは　こびとたちに　みおくられ、
おうじさまの　おしろへ　いきました。
そうして、けっこんしたのちも、しあわせに　くらしました。

おやゆびひめ
アンデルセン童話

あたたかな ひざしの なか、あかい はなが、さきました。
はなの なかに すわっていたのは、おんなのこ。
おんなのこは とても ちいさかったので、
おやゆびひめと よばれるように なりました。

あるあさ、おやゆびひめは　めを　さまして、びっくりしました。
かわに　うかぶ、すいれんの　はっぱの　うえに
いたからです。
めのまえには、ひきがえるが　います。
「むすこと　けっこんして、どろの　いえで　くらしておくれ」
よるの　あいだに、
おやゆびひめは　かわまで　つれてこられていたのです。
「どろの　なかで　くらすなんて、いやだわ」
すると、さかなたちが　くきを　かんで、
はっぱごと、おやゆびひめを　にがしてくれました。

おやゆびひめが　かわを　くだっていると、
「おや、めずらしい　いきものだね」
こがねむしが、おやゆびひめを　つかんで、
きの　うえへ　つれていきました。
なかまが　あつまって、くちぐちに　いいました。
「はねが　ないなんて、おかしいわ」
「にんげんみたいで、いやだねえ」
おやゆびひめは、きの　したに　おろされ、
のはらに　おきざりに　されてしまいました。

ふゆに なり、
おやゆびひめは たべものを さがして、あるきました。
「どうか、たべものを わけてください」
きりかぶの ねもとの とを たたくと、
のねずみの おばあさんが でてきました。
「かわいそうに、おなかが すいているんだね。さあ、おはいり。
　ふゆの あいだ、ずっと ここで くらすと いいよ」

つぎの ひ、りっぱな ふくを きた もぐらが、
たずねてきました。
もぐらは おやゆびひめを きにいり、じぶんの いえに
つながる とんねるの さんぽみちを つくりました。
あるひ、おやゆびひめは さんぽみちで、
たおれている つばめを みつけました。
「かわいそうに。さむくて、しんでしまったのね」
おやゆびひめは つばめを だきしめました。
むねが とくとく、うごいています。
「いきてる! てあてを してあげなきゃ」
おやゆびひめは まいにち、
みずと たべものを はこんであげました。

はるに なり、げんきに なった つばめは
「いっしょに もりへ いこう」
と、おやゆびひめを さそいました。
「のねずみさんが かなしむから、いけないわ」
おやゆびひめは なみだを うかべて、
つばめを みおくりました。

やがて、おやゆびひめは、いやいやながらも、
もぐらと けっこんすることに なりました。
けっこんしたら、もう そとには でられません。
けっこんしきの あさ。
おやゆびひめは ちょっとだけ、そとに でました。
「さようなら、おひさま。さよなら、はなたち」
なみだが ぽろぽろ こぼれました。

すると、つばめが とんできました。
「もうすぐ、また ふゆが くるよ。
　いっしょに いこう。さあ、ぼくに のって！」
「ええ、いくわ」
おやゆびひめは、つばめに のって、
もりを こえ、うみを こえました。

ついたのは、いちねんじゅう あたたかい みなみの しま。
つばめは、うつくしい にわに おりると、
しろい はなに おやゆびひめを おろしました。
はなには、ちいさな おとこのひとが いました。
きんの かんむりを かぶり、
せなかには すきとおった はねが あります。
おとこのひとは、おやゆびひめを みて
すぐに すきに なりました。
「ぼくは はなの くにの おうじです」

おうじは きんの かんむりを、
おやゆびひめの あたまに かぶせました。
「どうか、ぼくの およめさんに なってください」
「はい」
おやゆびひめは はねを もらい、おうじと いっしょに、
はなから はなへ とびまわりました。
つばめは うたを うたって、おいわいしました。

にんぎょひめ
アンデルセン童話

うみの そこの おしろに、にんぎょひめが くらしていました。
にんぎょは 15さいに なると、
うみの うえに およいでいき、
りくの ようすを ながめることが ゆるされます。
にんぎょひめは りくの せかいに あこがれました。

　15さいの　たんじょうび。
にんぎょひめは　おねえさんたちに　みおくられて、
うみの　うえに　かおを　だしました。
にぎやかな　ふねが　みえます。
ふねの　うえで、
おうじさまの　たんじょうびを　いわっていたのです。
りりしい　おうじさまの　すがたに、
にんぎょひめは　こころを　うばわれました。

とつぜん、つよい　かぜが　ふき、うみが　あれはじめました。
あらしが　やってきたのです。
ふねが　はげしく　ゆれ、なみに　のまれて
まっぷたつに　われました。

にんぎょひめは　うみに　なげだされた
おうじさまを　さがして、およぎました。
そうして　みつけた　おうじさまを　だきかかえ、
はまべまで　つれていきました。
「どうか、おうじさまが　いきかえりますように」

そのとき、あしおとが ちかづいてきました。
にんぎょひめは あわてて ちかくの いわに かくれました。

おんなのひとが、おうじさまに こえを かけると、
おうじさまは めを さまして ほほえみました。
「あなたの おかげで、たすかりました」
にんぎょひめは なにも いえないまま、
うみの そこに もどりました。

いくにち　たっても、
にんぎょひめは　おうじさまの　ことが　わすれられません。
どうしても　にんげんに　なりたくて、
うみの　まじょを　たずねました。
「おまえの　うつくしい　こえを　くれたら、
　にんげんに　なれる　くすりを　あげよう。
　ただし、おうじさまと　けっこんできなければ、おまえは
　うみの　あわと　なるのだよ。それでも　いいのかい？」
「はい。かまいません」
にんぎょひめは　くすりを　のんだとたん、
きを　うしないました。

めを さますと、めのまえに おうじさまが います。
「あなたは どこから きたのですか？」
にんぎょひめは まじょに こえを あげたので、
こたえることが できません。
「はなしが できないんだね。
　ここは さむい。へやに はいろう」
おうじさまは にんぎょひめを、おしろに つれていきました。

それから、にんぎょひめは まいにち、
おうじさまと いっしょに すごしました。
うまに のって もりを さんぽしたり、やまに のぼったり。
おうじさまに やさしくされて、
にんぎょひめは とても しあわせでした。

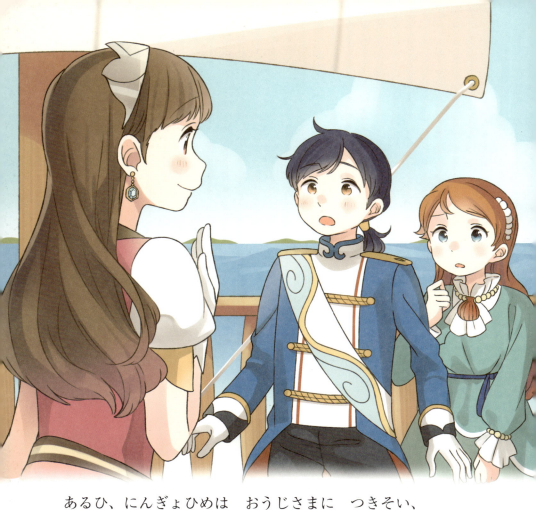

あるひ、にんぎょひめは おうじさまに つきそい、
ふねで となりの くにへ いきました。
でむかえた おうじょさまを みて、
おうじさまが めを かがやかせました。
「あなたは、わたしを たすけてくれた かた。
　ずっと、あなたに あえるのを まっていました」
にんぎょひめは めのまえが まっくらに なりました。
（あのとき たすけたのは、わたしなのに……）

おうじさまは おうじょさまと けっこんすることに
なりました。
にんぎょひめが つらい きもちで ふねの うえから うみを
ながめていると、おねえさんたちが かおを だしました。
「わたしたちの かみのけと ひきかえに、まじょから
　ナイフを もらってきたわ。この ナイフで おうじさまの
　むねを させば、あなたは あわに ならないで すむのよ」

にんぎょひめは そっと、
おうじさまの ベッドに ちかよりました。
ナイフを にぎった てが ふるえます。
だいすきな おうじさまの ねがおを みたら、
むねが いっぱいに なりました。
（どうぞ、おしあわせに）
にんぎょひめは へやを でて、
ナイフを うみに なげすてました。

あさひが のぼってくると、にんぎょひめは
ふねの さきから うみに とびこみました。
かがやく あわが ひろがります。
にんぎょひめの からだは しずかに、
なつかしい うみに とけていきました。

あかずきん

グリム童話

いつも あかい ずきんを かぶっていたので、
あかずきんと、よばれている おんなのこが いました。
あるひ、おかあさんが あかずきんに いいました。
「おばあちゃんが びょうきなの。
　おみまいに いってちょうだい。
　みちくさを しないで いくんですよ」
あかずきんは ケーキと ぶどうしゅを もって
でかけました。

もりの なかを あるいていると、
おおかみが やってきました。
「やあ、どこへ いくんだい？」
「おばあちゃんの おみまいに」
「それなら、おはなを つんであげると いいよ」
「そうね。おばあちゃんが よろこぶわ」
あかずきんは おかあさんの いいつけを わすれて、
はなを つみはじめました。
その ようすを みて、おおかみは にんまり わらいました。
　（しめしめ、ごちそうに ありつけるぞ）

おおかみは　おばあちゃんの　いえに　さきまわり。
いきを　ととのえて、とを　たたきました。
「おばあちゃん、あたし。あかずきんよ」
あかずきん　そっくりの　こえです。
「まあ、おみまいに　きてくれたのかい？」
おばあちゃんが　とを　あけると、
ぱく、ぐっきゅん！　おおかみは　ひとくちで、
おばあちゃんを　のみこんでしまいました。
いそいで　おばあちゃんの　パジャマに　きがえて、
ベッドに　もぐりこみます。
そこへ、あかずきんが　やってきました。
トン、トン。
「おばあちゃん、あかずきんよ」

あかずきんは　へやに　はいって、めを　まるくしました。
「まあ、おばあちゃん、
　どうして　そんなに　みみが　おおきいの？」
おおかみが　こたえます。
「おまえの　こえを　よく　きくためだよ」
「どうして　そんなに　めが　おおきいの？」
「おまえの　かおを　よく　みるためだよ」
「どうして　そんなに　くちが　おおきいの？」

おおかみが がばっと おきあがり、
あかずきんを ごっきゅんと のみこみました。
「ああ～、まんぷくだ」
おおかみは ベッドに ねころぶと、
おおきな いびきを かきはじめました。

そこへ、りょうしが とおりかかりました。
ひどい いびきに おどろいて、まどから へやを のぞくと、
なんと、おおかみが ねているでは ありませんか。
「おなかが ぴくぴく うごいているぞ。
　さては、にんげんを のみこんだな」
りょうしは はさみで おおかみの おなかを さきました。
あかずきんと おばあちゃんは ぶじ たすけられました。

3にんは、おおかみの おなかに いしを つめ、
いとと はりで ぬいました。

めを さました おおかみは りょうしが いるのに
おどろいて、あわてて いえを でましたが、
おなかが おもくて はしれません。
ばったり たおれて、
にどと おきあがることは ありませんでした。

おおきな かぶ
ロシアの昔話

おじいさんが　かぶの　たねを　まきました。
「おおきくなあれ、あまくなれ」
まいにち　みずを　やり、たいせつに　そだてました。
かぶは　すくすく　そだち、
それはそれは　おおきくなりました。

「さあて、そろそろ　ぬいてみるか」
おじいさんは　かぶを　ひっぱってみましたが、
ぬけません。
そこで、おばあさんを　よびました。

おばあさんは　おじいさんを、
おじいさんは　かぶを　ひっぱって、
「よっこらせーの、どっこいしょ！」
ちっとも　かぶは　ぬけません。
おばあさんは　まごむすめを　よびました。

まごむすめは　おばあさんを、
おばあさんは　おじいさんを、
おじいさんは　かぶを　ひっぱって、
「よっこらせーの、どっこいしょ！」
まだ　かぶは　ぬけません。
まごむすめは　いぬを　よびました。

いぬは　まごむすめを、
まごむすめは　おばあさんを、
おばあさんは　おじいさんを、
おじいさんは　かぶを　ひっぱって、
「よっこらせーの、どっこいしょ！」
まだまだ　かぶは　ぬけません。
いぬは　ねこを　よびました。

ねこは　いぬを、いぬは　まごむすめを、
まごむすめは　おばあさんを、
おばあさんは　おじいさんを、
おじいさんは　かぶを　ひっぱって、
「よっこらせーの、どっこいしょ！」
それでも　かぶは　ぬけません。
ねこは　ねずみを　よびました。

ねずみは ねこを、ねこは いぬを、
いぬは まごむすめを、
まごむすめは おばあさんを、
おばあさんは おじいさんを、
おじいさんは かぶを ひっぱって、
「よっこらせーの、どっこいしょ!」

みにくい あひるのこ

アンデルセン童話

あひるの おかあさんが たまごを あたためていました。
つぎつぎに ひなが うまれていきます。
さいごに ひときわ おおきな たまごが われました。
うまれてきたのは、おおきな ひな。
はいいろの はねが みすぼらしく みえます。
おかあさんは くびを かしげました。
「なぜ このこだけ はいいろなのかしら?」
そばに いた としよりの あひるが いいました。
「このこは しちめんちょうのこかもしれないね」
おかあさんは しんぱいに なりました。

あるひ、おかあさんは ひなたちを
みずべに つれていきました。
「こうやって およぐのよ」
おかあさんが およいで みせると、
ひなたちは じゅんばんに みずに とびこみました。
さいごに みにくい あひるのこが とびこみ、
みんなの あとに ついて およぎました。
おかあさんは ほっとしました。
「ちゃんと およげるんだもの、やっぱり わたしのこだわ」

けれども、まわりの ひなたちは、
みにくい あひるのこを いじめるように なりました。
「あっちへ いけよ」
「おまえなんか きょうだいじゃない」
あひるのこは つらくなり、
みんなの もとから にげだしました。

ついたのは　おおきな　ぬま。
きしべで　やすんでいると、

パン、パーン！

とつぜん、てっぽうの　おとが　ひびきました。
かりが　はじまったのです。
めのまえに　りょうけんが　あらわれましたが、あひるのこを
ちらりと　みただけで、すぐに　いってしまいました。
　（ぼくが　みにくいから　だれも　ちかよってこないんだ）
あひるのこは　ぬまを　はなれました。

かぜが つよくなってきました。
あひるのこが よたよた あるいていると、
まずしい のうかの おばあさんに だきあげられました。
「どこから きた とりだろう。
　しばらく うちで かってみようかね」
あひるのこは のうかに つれていかれました。

しかし、まえから かわれていた
ねこと にわとりは おもしろくありません。
「おまえさんは ねずみを とれるのかい?」
「たまごを うめるの?」
あひるのこが くびを よこに ふると、
ねこと にわとりは つめたく いいました。
「なにも できないくせに えさを もらうなんて、
　ずうずうしい」
あひるのこは しょんぼりして、いえを でていきました。

あひるのこは みずうみで くらすように なりました。
ひとりぼっちで さみしい まいにちでしたが、
はくちょうを ながめるのが たのしみでした。
「きれいだな。ぼくも あんな とりに うまれたかったな」
やがて、みずうみに こおりが はりはじめ、
はくちょうたちは あたたかい くにへ たびだっていきました。

ひに ひに さむさは きびしくなり、
みずうみは すっかり こおりで とざされてしまいました。
たべるものが すくなくなり、あひるのこは
しげみの あいだで、じっと うずくまって すごしました。
ときおり そらを みあげて、
「あの きれいな とりたちに また あえますように」
と、ねがいました。

ふんわり あたたかな かぜが ふくように なりました。
はるが やってきたのです。
みずうみに はくちょうたちが もどってきました。
あひるのこは はくちょうを よく みたいと おもい、
しげみから でました。
すると、はくちょうたちが あひるのこに ちかづいてきました。
「きみは ぼくらの なかまだね」

みずに うつくしい はくちょうの すがたが
うつっています。
「まさか、これが ぼく?」
みにくい あひるのこは、
ほんとうは はくちょうのこだったのです。
はくちょうのこは なかまの はくちょうたちと いっしょに、
しろい つばさを ひろげて おおぞらに とびたちました。

かぐやひめ

日本の昔話

むかし、むかし、たけとりの　おきなと　いう
おじいさんが　おりました。
あるとき、おじいさんは　はやしの　なかに、
ひかる　たけを　みつけました。
「なんじゃろう」
たけを　わると、
なかに　ちいさな　おんなのこが　ねむっています。

おじいさんと　おばあさんは、そのこを「かぐやひめ」と
なづけ、だいじに　だいじに　そだてました。
やがて、かぐやひめは　ひかり　かがやく、
うつくしい　むすめに　なりました。

かぐやひめの うわさを ききつけて、おかねもちの
ひとたちが、けっこんを もうしこみに やってきました。
かぐやひめは なんども ことわりましたが、
なかなか あきらめてもらえません。
「では、わたしの ほしいものを
　もってきてくれた かたと けっこんします」

とおい くにに ある、ほとけの はち。
きんと ぎんの きの えだ。
ひねずみの かわの ふく。
りゅうの くびに ある、ごしきの たま。
つばめが もっている、こやすがい。
あまりに むずかしい ちゅうもんに、
もってくることが できた ひとは、
ひとりも いませんでした。

ついには、みかども やってきて、
「きゅうていに きてくれないか」
と、たのみましたが、これにも かぐやひめは
うなずきませんでした。
ですが、みかどが ねっしんに てがみを よこすので
かぐやひめも へんじを かくように なりました。

つきが きれいな よる。
かぐやひめは そらを みあげて なきました。
おじいさんと おばあさんが しんぱいすると、
かぐやひめは いいました。
「わたしは つきの みやこから やってきました。
　あすの じゅうごやに、むかえが きて、
　つきに かえることに なったのです」
おじいさんと おばあさんは たのみました。
「いかないでおくれ。ずっと、ここに いておくれ」
かぐやひめは だまって、くびを よこに ふりました。

その はなしを きいた みかどは、
かぐやひめが つれていかれないよう、
おおぜいの へいしを まもりに つけました。

まよなか、おじいさんの　いえを
まばゆい　ひかりが　つつみました。
そらから、くもに　のった　てんにょが　おりてきます。
へいしたちは　ちからが　ぬけて、ゆみを　かまえることも
できなくなりました。

かぐやひめは おじいさんと おばあさんに、
しずかに いいました。
「ながい あいだ、おせわに なりました。
　つきよの ばんは、そらを みあげてください」
そして、みかどには てがみを かきました。
「おそばに いることは できませんでしたが、
　おあいできたこと、うれしく おもっています。
　どうぞ、おげんきで」

てんにょに はごろもを きせられて、
かぐやひめは そらへ まいあがりました。
くもに のって、たかく たかく のぼっていき、
やがて、みえなくなりました。
おじいさんと おばあさんは、
　いつまでも そらを みあげていました。

ブレーメンの おんがくたい

グリム童話

あるところに、いっとうの ろばが いました。
ろばは すっかり としを とり、
にもつを はこぶことも できなくなりました。
「こんな ろばに えさを やるのは むだだな」
ごしゅじんの はなしを きいて、ろばは いえを でました。
「ブレーメンに いって、まちの おんがくたいに はいろう」

しばらく いくと、みちばたで いぬに あいました。
ろばは いぬに ききました。
「げんきが ないね。どうしたんだい?」
「ごしゅじんに すてられて、
　これから どうしたら いいのか わからないんです」
「それなら いっしょに ブレーメンへ いって、
　おんがくたいに はいろうよ」
「いいですね。そうしましょう」

ろばと いぬが あるいていくと、ねこに あいました。
ろばは ねこに ききました。
「げんきが ないね。どうしたんだい？」
「ねずみを とれなくなって、ごしゅじんに かわへ
　すてられそうに なったの」
「それなら いっしょに ブレーメンへ いって、
　おんがくたいに はいろうよ」
「いいわね。そうしましょう」

ろばと いぬと ねこが あるいていくと、
のうかの もんの うえに おんどりが いました。
おおきな こえで なきつづけています。
ろばは おんどりに ききました。
「どうして そんなに ないているんだい?」
「あした おきゃくさんが きたら、わたしは スープに
　されるんだ。せめて いきている あいだは、
　せいいっぱい なこうと おもってね」
「それなら いっしょに ブレーメンへ いって、
　おんがくたいに はいろうよ」
「それは いい。そうしよう」

ひが おちてきたころ、
ろばと いぬと ねこと おんどりは もりに つきました。
「きょうは ここで やすむとしよう」
でも、おなかが すいて なかなか ねむれません。
きの えだに とまった おんどりが、
とおくに いえの あかりを みつけました。
「あの いえで たべものを わけてもらおう」

ろばが まどから なかを のぞくと、
おとこたちが ぬすんできた きんかを かぞえながら、
ごちそうを たべています。
ろばは いいました。
「あいつらは どろぼうだ。
　おいはらって、みんなで やっつけよう」

ろばは　まどに　あしを　かけました。
ろばの　せなかに　いぬが、
いぬの　せなかに　ねこが、
そして、ねこの　あたまに　おんどりが　のりました。
きょだいな　かげが　カーテンに　うつしだされました。
じゅんびが　できたところで　だいがっしょう。

「べえぇぇ」　　「にゃ～ご　にゃ～ご」
　「わんわん」　　「こけこっこー」

いっせいに　へやへ　とびこみました。

「おばけだぁ！」
どろぼうたちは　とびあがり、あわてて　にげていきました。
「よし。うまくいったぞ」
ろば、いぬ、ねこ、おんどりは　よろこんで、
ごちそうを　おなか　いっぱい　たべました。
それからも　ずっと　ここで　なかよく　くらしましたとさ。

ヘンゼルと グレーテル

グリム童話

まずしい きこりの いえに、
ヘンゼルと グレーテルと いう きょうだいが いました。
ふたりの おかあさんは なくなり、
にばんめの おかあさんが やってきました。
いえは とても まずしく、
とうとう たべものを かえなくなりました。
おかあさんは きこりに いいました。
「このままだと、うえじにしてしまう。
　こどもたちを もりに すてましょう」

きこりは ほんとうは いやでしたが、
こどもたちを もりへ つれていきました。
ヘンゼルは まいごに ならないように、
めじるしとして、こっそり もってきた
パンを ちぎって みちに まいていきました。
もりの おくに つくと、きこりが いいました。
「きを きってくるからね。
　おまえたちは ここで まっているんだよ」
こどもたちは きこりを まちました。

ゆうがたに なっても きこりが かえってこないので、
ヘンゼルは グレーテルに いいました。
「パンくずを たどって、うちに かえろう」
ところが、いくら さがしても、パンくずが みつかりません。
とりが すべて たべてしまっていたのです。
ふたりが もりを さまよい、くたくたに なったとき、
ちいさな いえが あらわれました。
クッキーの かべに、キャンディーの はしら、
やねには クリームも のっています。
「この いえ、ぜんぶ、おかしで できてる！」
ふたりは むちゅうに なって、まどや かべを かじりました。

そのとき、おばあさんが ドアから かおを だしました。
「うちを かじっているのは だれだい？」
ヘンゼルと グレーテルは おどろきました。
「ご、ごめんなさい」
「おなかが すいているのかい？」
おばあさんは、ふたりを うちに まねきいれ、
ごちそうを だしてくれました。

よくあさ、おばあさんは ねている こどもたちの
においを かいで、にったり わらいました。
「ああ、おいしそうだねえ」
おばあさんは わるい まほうつかいで、
こどもが だいこうぶつだったのです。
まほうつかいは ヘンゼルを べつの こやに つれていき、
かぎを かけて とじこめました。

それから、まほうつかいは
グレーテルを おこして どなりました。
「いつまで ねているんだい! これから おまえは
 にいさんに ごちそうを つくるんだよ。
 ふとったところで おいしく たべるんだからね」
グレーテルは なきましたが、
いうとおりに するしか ありません。
まいにち ごちそうを つくりました。

まほうつかいは まいあさ、こやへ いき、
「ゆびを だしてごらん」
と、ヘンゼルに いいました。
めが よく みえないので、ゆびを さわって、
ふとったか どうかを たしかめるのです。
ヘンゼルは きまって、
たべかすの チキンの ほねを だしました。
まほうつかいは くびを かしげました。
「ちっとも ふとらないね」

やがて、まほうつかいは まちきれなくなりました。
「もう やせたままでも かまわない。
　　グレーテル、かまどの ひを つよくおし」
グレーテルは まほうつかいに ききかえしました。
「どうやって ひを つよくするのですか？」
まほうつかいは どなりました。
「まったく、おまえは かまどの つかいかたも
　　しらないのかい！ こうやるんだよ」
まほうつかいが かまどの ふたを あけて、
なかを のぞきこんだ、そのとき……

ドン！

グレーテルは おもいっきり、まほうつかいの
せなかを おして、かまどの ふたを しめました。
それから いそいで こやへ いきました。
「ヘンゼル、もう だいじょうぶよ。
　わたしたち たすかったの」

ヘンゼルと グレーテルが いえに かえると、
きこりは なみだを ながして よろこびました。
ふたりを すてたことを ずっと くやんでいたのです。
にばんめの おかあさんは なくなっていました。
「おまえたちには すまないことを した」
「おとうさん、いいんだよ」
それから 3にんは、たすけあって なかよく くらしました。

おむすびころりん
日本の昔話

あるところに、じいさまと ばあさまが くらしておった。
あるひ、じいさまは やまへ たきぎを ひろいに いった。
おべんとうを たべようと つつみを あけると、
おむすびが ころんと ころがり おちた。
「おやおや、まっておくれ」
おむすびは ころころ ころころ ころがって、
すとんと、あなに おっこちた。

すると、あなから かわいい うたごえが きこえてきた。

　おむすび ころりん、すっとんとん。

「ほう、こりゃ おもしろい」
じいさまは もうひとつ、おむすびを おとしてみた。

　もひとつ ころりん、すっとんとん。

「かわいらしい こえじゃ。だれが うたっておるのかのう」
じいさまが あなを のぞくと、
するするするんと すいこまれた。
「ひゃあ〜」

おちた ところは、きれいな ざしき。
じいさまの まわりに、ねずみたちが あつまってきた。
「じいさま、おむすび ありがとう」
「おれいに ごちそういたしましょう」
でてくる でてくる、ごちそうの おぜん。
うたと おどりも とびだして、
じいさまは てを たたいて よろこんだ。
さいごに、ねずみたちは おもちを つつんで、
「これを おみやげに もっていってください」と、
てわたした。

うちに かえった じいさまは、
きょうの できごとを ばあさまに はなして きかせた。
そうして つつみを あけて、びっくり ぎょうてん。
はいっていた おもちは、みんな こばんに かわっておった。

この はなしを
となりの よくばりじいさんと ばあさんが きいていた。
「わしも あした、やまへ でかけてみるかのう」
「それが いい。おむすびを たくさん こさえてあげるよ」

つぎのひ、よくばりじいさんは やまへ いった。
「あった、あった。この あなだな」
じいさんは おむすびを つぎつぎに あなに おしこむと、
じぶんから ぎゅうぎゅう はいっていった。

ねずみたちは じいさんに ごちそうを ふるまった。
まんぷくに なった じいさんは、おみやげが きになりだした。
「こばんの つつみだけじゃ、つまらんな。
　ここの ざしきの ものを ぜんぶ もらっていきたいのう」
そこで、じいさんは ねずみを おいはらおうと、
ねこの なきまねを した。
「にゃああ、にゃあごう」

ねずみたちは おどろいて、
あっちや こっちに にげていった。
どうじに へやの あかりが きえて、
あたりの ものも すべて なくなった。

よくばりじいさんは
まっくらな あなの なか、
でぐちを さがして はいまわったと。

うらしまたろう
日本の昔話

むかし　むかし、うみべの　むらに
うらしまたろうと　いう　わかものが　いました。
あるとき、うらしまたろうが　はまべを　あるいていると、
かめが　こどもたちに　いじめられていました。
「やめなさい。かわいそうじゃないか」
うらしまたろうは　かめを　たすけ
うみに　はなしてやりました。

つぎの ひ、うらしまたろうが つりを していると、
なみまに かめが かおを だしました。
「わたしは あなたに たすけていただいた かめです。
　おれいに りゅうぐうじょうに おつれしましょう」
うらしまたろうは かめの せなかに のって、
うみに もぐりました。

うみの そこには りっぱな おしろが ありました。
うらしまたろうが おしろに はいると、
うつくしい おとひめさまが むかえてくれました。
「かめを たすけてくださり、ありがとうございました。
　どうぞ ゆっくりしていってください」

うらしまたろうは　ひろまに　とおされました。
つぎつぎに　ごちそうが　はこばれ、
さかなたちの　おどりが　はじまります。
「なんと　すばらしい」
うらしまたろうは　ゆめのように　たのしい　じかんを
すごしました。

あっというまに みっかが すぎました。
「そろそろ、かえらなければ……」
おとひめさまは さみしそうに いいました。
「わたしたちと ここで くらすわけには いきませんか？」
「のこしてきた おかあさんが しんぱいなんです」
「では、おわかれに この たまてばこを さしあげます」
おとひめさまは ちいさな はこを さしだしました。
「でも、けっして あけては なりませんよ」

はまに　つくと、
うらしまたろうは　じぶんの　いえを　さがしました。
ところが、あったはずの　ばしょに　いえは　ありません。
とおりかかった　ひとに　たずねると、
「ここに　いえが　あったのは　300ねんも　まえの　ことだ」
と　いうでは　ありませんか。
りゅうぐうじょうで　すごした　みっかは、
この　よでは　300ねんだったのです。

うらしまたろうは はまべに すわりこみました。
ひとりぼっちの さみしさが じわじわと こみあげてきます。
たまてばこを みると、たのしかった りゅうぐうじょうの
できごとが おもいだされました。
「この なかには なにが はいっているんだろう？」
おもいきって たまてばこを あけてみると……。

もく もく もく～。

たまてばこから　でてきたのは、しろい　けむり。

けむりが　はれると、
うらしまたろうの　かおには　ふかく　しわが　きざまれ
かみは　しろくなり　おじいさんに　なっていました。

こびとと くつや

グリム童話

あるところに　まずしい　くつやの　ふうふが　いました。
くつを　つくる　かわも　へっていき、
とうとう　いっそく　つくれるぶんだけに　なりました。
「これが　さいごの　くつに　なるな」
くつやさんは　のこった　かわを　ていねいに
くつの　かたちに　きりました。
「しあげは、あしたに　しよう」
と、そのひは　ねむりに　つきました。

よくあさ、くつやさんは びっくりしました。
くつが できあがっていたからです。
てに とって みれば、
きれいな ぬいめで、すばらしい できばえです。
「みごとな くつだ。だれが つくったんだろう」

みせに きた おきゃくさんは ひとめで その くつが
きにいり、いつもより たかい ねだんで かっていきました。
その おかねで、くつやさんは 2そくぶんの かわを
かうことが できました。
よる、くつやさんは かわを きって ねました。
すると よくあさ、2そくの くつが できあがっていました。
くつは また たかい ねだんで うれ、
4そくぶんの かわを かうことが できました。

おなじことが なんにちも つづきました。
くつは どんどん うれていき、
くつやさんは おかねもちに なっていきました。
クリスマスが ちかづいた あるばんの こと。
くつやさんは おかみさんに いいました。
「くつを つくってくれているのは だれだろう？
　こんや、ふたりで たしかめてみないか」
「そうね。そうしましょう」
ふたりは へやの すみに かくれました。

まよなか、かわいらしい こびとが
ふたり やってきました。

ぼくらは　ちっちゃな　くつしょくにん。
ちくちく　ぬって、とんかん　たたく。
ほうら　できたよ、りっぱな　くつだ。

しごとが　おわると、
こびとたちは　どこかへ　いってしまいました。

あさ、おかみさんが いいました。
「こびとたちに おれいを しましょう。
　ふたりは はだかだったから さむいはずよ。
　わたしは シャツと ズボンを ぬうわ。
　あなたは ちいさな くつを つくってちょうだい」
くつやの ふうふは こころを こめて
プレゼントを つくりました。

よる、ふうふが かくれて みていると、
こびとたちが あらわれました。
テーブルに いつもの かわの かわりに
プレゼントが あります。
こびとたちは ふくを きて くつを はき、
はねたり おどったり しながら、へやを でていきました。
そのばんを さいごに、
こびとたちは あらわれなくなりました。
でも、くつは ずっと うれつづけ、
ふうふは しあわせに くらしました。

ゆきおんな
日本の昔話

しげさくじいさんと、みのきちと いう
ふたりの きこりが おった。
ふたりが やまで きを きっていると、
ふぶきに なり、あたりが みえなくなった。
ふたりは やまごやに かけこんだ。
「こんやは ここに とまるとしよう」

よなか、みのきちが ふと めを さますと、
まっしろな きものの おんなが たっていた。
おんなは つめたい いきを
ねている しげさくじいさんに ふきかけた。
たちまち、しげさくじいさんが こおりついた。
みのきちは こえも だせず、
からだも うごかない。

　すると、おんなが　そばに　きた。
「おまえは　まだ　わかい。たすけて　やろう。
　こんやの　ことは、だれにも　いっては　ならない。
　いえば、いのちは　ないからね」
おんなは　すっと、どこかに　きえた。

すうねんごの ふぶきの ばん。
みのきちの いえの とを、だれかが たたいた。
「みちに まよっております。どうか たすけてください」
みのきちが とを あけると、
ほっそりとした きれいな おんなが たっていた。
「わたしは ゆきと もうします。
　いくあてが なくて、こまっております」
「それなら、うちに おれば いい」

ゆきは　りょうりが　じょうずで、
そうじや　せんたくも　てきぱき　こなした。
みのきちと　ゆきは　なかよくなり、
やがて　ふたりは　けっこんした。
なんねんか　たつうちに、10にんの　こどもも　うまれ、
いえは　たいそう　にぎやかに　なった。

かぜの つよい ばん。
みのきちは ふと、あの ふぶきの ばんを おもいだした。
ゆきの かおを みて、はなしかけた。
「むかし、やまで あったことを おもいだした。
　よく みれば、おまえは あのときの おんなに
　よく にとる。しげさくじいさんを こおらせたんだ」

ゆきは しずかに たちあがった。
「その おんなは わたしです。あの よるの ことは
 はなしては いけないと いったはず。
 やくそくを やぶれば、いのちを うばわないとなりません。
 でも、いとしい あなたを ころすことなど、どうして
 できましょう。こどもたちを しっかり そだててください」
そういうと、ゆきは とを あけて、でていった。

「ゆき、いかないでおくれ！」
みのきちも そとへ でたが、ふぶきの なかに
ゆきの すがたは みつからなかった。

あおいとり

世界の名作（フランス）／モーリス・メーテルリンク

あるばん、チルチルと ミチルの へやに、
まじょが きました。
「びょうきの むすめの ために、
　しあわせに してくれると いう あおいとりが
　ほしいんだ。つかまえてきてくれないかい？」
まじょは チルチルに まほうの ぼうしを わたしました。
「ぼうしに ついている ダイヤを まわすと、
　いろいろな ものが みえるように なる。やってごらん」
チルチルが まじょに いわれるまま、ぼうしの ダイヤを
まわすと、またたくまに けしきが かわりました。

ついたのは、おもいでの くにでした。
しんだ おじいさんと おばあさんが
ふたりを むかえました。
「ひさしぶりだねえ。このごろ、おもいだして
　くれないから、あえなかったじゃないか」
チルチルは いいました。
「おじいさんたち、いきているみたいだ」
ミチルが ちかくで さえずっている とりを みつけました。
「まえに かっていた ツグミが いるわ」
「あおいとりに なっている。つれていって いいかな？」
ところが、とりは すぐに、
くろいとりに かわってしまいました。

つぎに ついたのは、よるの ごてん。
ふたりは くらく とざされた へやを
じゅんに のぞきました。
さいごに、おおきな とびらを あけると、
たくさんの あおいとりが いました。
チルチルと ミチルは なんわも とりを つかまえました。
ところが、よるの ごてんを でると、
あおいとりは みんな しんでしまいました。
ふたりは なきながら、つぎの ばしょを めざしました。

つぎに ついたのは、もりでした。

おおぜいの きの せいが います。

「あのひと、あおいとりを かたに のせている！」

チルチルが さけぶと、かしの きの せいが ふりむきました。

「にんげんだ！

　われわれに ひどいことを する にんげんが いるぞ！」

「やられるまえに やっつけろ！」

きの せいたちが チルチルと ミチルに むかってきました。

チルチルは いそいで ダイヤを まわしました。

つぎに ついたのは、らくえんでした。
うたい、おどっていた ひとびとが いいました。
「やあ、こんにちは。チルチル、ミチル」
「なんで、ぼくらの なまえを しっているの?」
「ぼくらは きみの いえに いる しあわせだからさ」
「えっ、ぼくの いえに、しあわせが いるの?」
「しらなかったのかい?
　きみの いえは、しあわせで いっぱいだよ」
チルチルと ミチルは まばゆい ひかりに つつまれました。

ついたのは みらいの おうこくでした。
これから うまれるのを まっている こどもたちが
おおぜい います。
ときの ばんにんが とびらを あけて、
うまれる こどもたちを みおくっていました。
チルチルと ミチルが、はしらの かげから こっそり
みていると、ときの ばんにんに みつかってしまいました。
「おまえたち、ここで なにを しているんだ！」
チルチルは あわてて、ぼうしの ダイヤを まわしました。

「さあ、おきなさい。おねぼうさんたち」
おかあさんの　こえで、ふたりは　めを　さましました。
「いつのまに　うちに　かえったんだろう？」
ふと　みると、チルチルが　かっていた　キジバトが
あおいいろに　かわっています。
「でかけるまえより、ずっと　あおくなっている。
　ずいぶん　とおくまで　さがしに　いったけど、
　あおいとりは　ここに　いたんだね」

すこしして、おとなりの　おんなのこが　やってきました。
おんなのこは　びょうきだったのですが、
あおいとりを　みたとたん、げんきに　なりました。
「わたし、ずっと　こんな　とりが　かいたかったの」
チルチルは　おんなのこに　いいました。
「いいよ。あげるよ」
「ほんとう？　うれしい」
おんなのこは　えさを　あげようと、かごを　あけました。
そのとき、とりは　かごを　でて、とんでいってしまいました。
おんなのこが　なきだすと、チルチルは　やさしく　いいました。
「なかないで。ぼくが　また　みつけてあげるから」

おどる 12にんの おひめさま
グリム童話

ある　くにに　うつくしい
12にんの　おひめさまが　いました。
おうさまは　おひめさまたちを　だいじに　おもう　あまり、
まいばん　おひめさまたちの　へやに　かぎを　かけ、
ろうかに　みはりの　けらいを　たたせました。

ところが、あさに なると、なぜか ベッドの わきに
おかれた くつが ひとばんじゅう おどりあかしたように
くたびれているのです。
おうさまは しんぱいして
くにじゅうに おふれを だしました。
「この なぞを ときあかした ものに ほうびとして、
　ひめの ひとりと けっこんさせる」

さっそく ひとりの おうじさまが やってきました。
おうじさまは おひめさまたちの へやへ つづく
こべやに とおされました。
いちばん うえの おひめさまは
おうじさまに おさけを だして もてなしました。
おうじさまは おさけを のむと、ベッドに たおれ、
あさまで ぐっすり ねむってしまいました。
もちろん、なぞを ときあかすことは できません。
つぎに やってきた おうじさまも、
その つぎに やってきた おうじさまも おなじでした。

そんな あるひ、まずしい おとこが おしろに むかって
あるいていくと、おばあさんに こえを かけられました。
「なにか めぐんでくれないかい」
おとこは せんそうで けがを して しごとを
うしなったため、おかねは すこししか もっていません。
その わずかな おかねを あげたところ、
おばあさんは にっこり わらいました。
「おれいに いいことを おしえてあげよう。
　おひめさまがたの なぞを ときたいなら、
　おさけを のんでは いけないよ」
そして、すがたの きえる マントを くれました。

おとこは おしろで こべやに あんないされました。
いつものように いちばん うえの おひめさまが
おさけを はこんできました。
おとこは おさけを のんだふりを して よこに なり、
ぐうぐうと うその いびきを かきました。
あんしんした おひめさまたちは
うきうきと ドレスに きがえはじめました。
いちばん うえの おひめさまが ベッドを
ぽんぽんと たたくと、かくしとびらが あらわれました。

おひめさまたちは　かくしとびらを　あけて、
かいだんを　おりていきました。
おとこは　いそいで　マントを　かぶって　すがたを　けし、
あとを　つけました。
いくさきが　あかるく　かがやいています。
なんと、そこは　すべてが　ぎんで　できた　もりでした。
おとこは　もりを　あるきながら　おもいました。
（ぎんの　もりを　とおったと　いっても、
　しんじてもらえないだろう）
そこで、しょうこに　なるよう、
ぎんの　こえだを　いっぽん　おりました。

つぎは きんの もり、
その つぎは ダイヤモンドの もりに はいりました。
おとこは そのたびに こえだを
いっぽんずつ とっていきました。
もりを ぬけると、みずうみに でました。
12そうの こぶねが うかび、
12にんの おうじさまが のっています。
おひめさまたちは それぞれ こぶねに のりました。
おとこは すえっこの おひめさまと おなじ
こぶねに のりました。
おうじさまは こぶねを こぎながら くびを かしげました。
「いつもより ふねが おもいようだ」

みずうみの　むこうぎしには
りっぱな　おしろが　ありました。
おしろの　おおひろまに　はいると、おひめさまたちは
おうじさまたちと　たのしそうに　おどりはじめました。
ひらひら、くるくる。ひらひら、くるくる。
ひろまに　はなが　さいたようです。
そうして　あけがた　ちかくまで　おどったあと、
おひめさまたちは　くたくたに　なって　かえりました。

おとこは さきに へやへ もどり、
ベッドに もぐりこみました。
おひめさまたちが もどってきたとき、
おとこは ぐっすり ねむっていたので、
いちばん うえの おひめさまは ほっとしました。
よが あけると、おとこは おうさまに いいました。
「おひめさまがたは ひみつの おしろで
　おどっていらっしゃいました」
おとこは しょうことして ぎんと きんと
ダイヤモンドの こえだを だして みせました。

おうさまが おひめさまたちを よんで たずねると、
いちばん うえの おひめさまは すなおに うなずきました。
「この かたの おっしゃるとおりです」
おとこは いちばん うえの おひめさまと けっこんし、
りっぱに くにを おさめたと いうことです。

つぐみの ひげの おうじ

グリム童話

ある くにに うつくしいけれども、
うぬぼれやで きぐらいの たかい おひめさまが いました。
あるひ、おうさまは おひめさまの けっこんあいてを
きめるため、いろいろな くにの おうじや きぞくを
まねいて パーティーを ひらきました。
しかし、おひめさまは どの ひとも ばかにして、
わるぐちばかり いいました。

なかでも、あごが すこし まがった おうじには
あだなまで つけて からかいました。
「あなたの あごは つぐみの くちばしのようね。
　まるで つぐみが ひげを つけているみたい」
おひめさまは おうじを「つぐみの ひげ」と はやしました。
おうさまは おひめさまの たいどに おこりました。
「ひとの きもちが わからない おまえに
　おうじょに なる しかくは ない」

すうじつご、みすぼらしい たびげいにんが
しろの まえで うたを うたって いいました。
「わたくしに なにか めぐんでいただけないでしょうか」
おうさまは たびげいにんに いいました。
「わしの むすめを よめに やろう」
おひめさまは いやがりましたが、
すぐに ぼくしさんが よばれ、
たびげいにんと けっこんさせられてしまいました。

たびげいにんは　おひめさまの　てを　とって、
あるきだしました。
もりに　はいると、とりの　さえずりが　きこえてきました。
いずみには　こんこんと　みずが　わきでて、
きには　はなや　みが　こぼれんばかりに　ついています。
おひめさまは　うっとりして　たずねました。
「この　うつくしい　もりは　だれの　もの？」
たびげいにんは　こたえました。
「これは　つぐみの　ひげの　おうじの　ものだ」

おおきな まちに はいると、パンの やける においと、
ようきな うたごえに つつまれました。
おひめさまは うきうきして たずねました。
「この たのしい まちは だれの もの？」
「これも つぐみの ひげの おうじの ものだ」
おひめさまは うつむきました。
「ああ、わたしは なんて ばかな ことを したのかしら」

たびげいにんの いえは、
まちはずれの ちいさな こやでした。
もちろん、めしつかいなど いません。
たびげいにんは おひめさまに
いえの しごとを するように いいました。
しかし、おひめさまは いままで りょうりも そうじも
したことが ないので、うまくできません。
「かごなら あめるだろう」
たびげいにんに いわれて、おひめさまは
かごを あみましたが、すぐに ゆびを きってしまいました。
おひめさまの めに なみだが あふれました。

　たびげいにんは、おひめさまに　おしろの　ちょうりばで
はたらくように　いいました。
おひめさまは　まいにち　ちょうりばで　はたらき、
のこりものを　つぼに　いれて　もちかえって　たべました。
あるひ、おしろで　おうじの　けっこんしきが
ひらかれました。
おひめさまは　ひろまの　とびらから　なかを　のぞきました。
きかざった　ひとびとが　はなやいで　みえます。
ふかい　ためいきを　ついたとき、
おひめさまは　ぐっと　うでを　つかまれました。

うでを つかんだのは、
あの つぐみの ひげの おうじでした。
おうじは おひめさまを ひっぱって、
ひろまに はいりました。
すると、おひめさまの もっていた つぼが おちて、
ゆかに のこりものの スープが ひろがりました。
ひろまに いた ひとびとは まゆを ひそめました。

おひめさまは　はずかしくなり、ひろまを　とびだしました。
おいかけてきたのは、
やはり　つぐみの　ひげの　おうじでした。
「にげないで。たびげいにんは　わたしだ。
　きみの　こころを　かえたかったんだ」
おひめさまは　おうじから　めを　そらしました。
「わたしは　あなたを　きずつけることを　いいました。
　あなたに　ふさわしくありません」

おうじは やさしく いいました。
「きみの こころは かわった。
　わたしと けっこんしてください」
ふたりは ひろまで せいだいな けっこんしきを あげ、
たくさんの ひとびとに しゅくふくされました。

ななつの ほし

世界の名作（ロシア）／トルストイ

むかし、あめが すこしも ふらない としが ありました。
きも くさも かれ、だれもが みずを もとめていました。
そんな あるばん、おんなのこが ひしゃくを もって
もりへ でかけました。
びょうきの おかあさんに みずを
のませてあげたかったからです。

おんなのこは　みずが　わいていそうな　ばしょを　さがして
あるきましたが、どこにも　ありません。
くたくたに　なった　おんなのこは、
きの　ねもとに　すわりました。
しばらく　うとうとして　めを　さますと、
ひしゃくに　みずが　はいっているでは　ありませんか。
「まあ、みずだわ」

おんなのこは のみたいのを がまんして、たちあがりました。
「はやく、おかあさんに のませてあげなくちゃ」
みずを こぼさないように
ひしゃくを みながら はしりだしたとたん

キャン！

こいぬに ぶつかり、ひしゃくを おとしてしまいました。
「あっ、だいじな みずが……」

しかし、ひしゃくの　みずは　こぼれませんでした。
こいぬは　みずを　みて、くうーん　くうーんと　なきました。
「みずが　のみたいのね。
　これは　おかあさんの　みずだから、すこしだけよ」
おんなのこは　てのひらに　みずを　いれて、
こいぬに　なめさせてやりました。
すると……、

きの ひしゃくが
キラキラ かがやく ぎんの ひしゃくに かわりました。
おんなのこは ふしぎに おもいながらも、
いえへ いそいで かえりました。

「おかあさん、おみずよ」
おんなのこが ひしゃくを さしだすと、
おかあさんは くびを ふりました。
「わたしより あなたが のみなさい。
　はしって のどが カラカラに なったでしょう」
すると、ぎんの ひしゃくは
ピカピカ ひかる きんの ひしゃくに なりました。

そのとき、ギイ〜と、げんかんの　とが　あきました。
すきまから　たびびとが　たおれこんできました。
「どうか、みずを　ひとくち　のませてくれませんか」
「ええ、どうぞ」
おんなのこは　いそいで　ひしゃくを　さしだしました。

すると、ひしゃくから
ダイヤモンドが　ななつ　とびだしました。
みるみる　よぞらに　のぼっていきます。
おんなのこは　ゆびさして　いいました。
「おかあさん、みて！」
よぞらに　のぼった　ダイヤモンドは　おおくまざと　いう
せいざに　なりました。
ひしゃくの　みずは　いつまでも　かれることなく、
むらの　ひとびとが　のむだけ　わきでたそうです。

まめの うえに ねた おひめさま
アンデルセン童話

ある くにの おうじが けっこんあいてを さがすため、
せかいじゅうを たびして まわりました。
もとめていたのは、 ほんとうの おひめさま。
しかし、おうじは どの おひめさまに あっても、
おひめさまらしさを かんじることが できませんでした。
「ほんとうの おひめさまは どこに いるのだろう」
おうじは くにに かえってからも、なんとかして
ほんとうの おひめさまに であいたいと おもっていました。

ひどい あらしの ばん、
おしろの もんを たたく おとが しました。
もんの そとには、むすめが たっていました。
「おうじさまが ほんとうの おひめさまを
　さがしていると きいて やってきました」
ずぶぬれの かっこうは
とても おひめさまには みえません。

しかし、おきさきは
おひめさまを　とめてあげることに　しました。
おきさきは　おもいました。
　（ほんとうの　おひめさまか　どうかは、すぐに　わかるわ）

おきさきは　しんしつの　ベッドに
ひとつぶの　えんどうまめを　おき、
そのうえに　20まいの　しきぶとんと、
20まいの　ふわふわの　はねぶとんを　かさねました。
「これで　いいわ」
おきさきは　むすめを　しんしつに　あんないしました。
「どうぞ、ゆっくり　おやすみください」

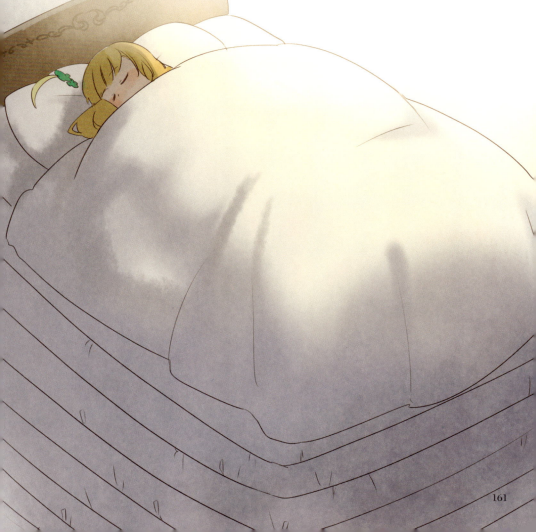

あさ、おきさきは　むすめに　ききました。
「よく　おやすみに　なれましたか？」
むすめは　もうしわけなさそうに　いいました。
「せっかく　とめていただいたのですが、
　あまり　ねむることが　できませんでした。
　ふとんの　したに　なにか　あったようで……」
これを　きいた　おきさきは　おもいました。
　（この　かたこそ、ほんとうの　おひめさまだわ）

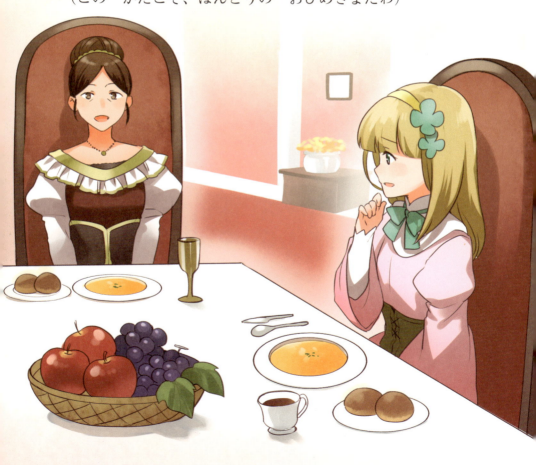

なにしろ、ふとん20まいと はねぶとん20まいの
したに ある、たった ひとつぶの えんどうまめを
かんじとったのですから、どれほど だいじに
そだてられたかが わかります。
こうして、おうじは やっと ほんものの おひめさまと
であい、けっこんすることが できました。

はくちょうの みずうみ

世界の名作（ドイツ）／ヨハン・カール・アウグスト・ムゼーウス

　あすは　ジークフリートおうじの　たんじょうびパーティー。
しかし、おうじは　ゆううつでした。
　あすの　パーティーに　くる　ひめぎみたちの　なかから、
けっこんあいてを　きめなければ　ならないからです。
（わたしは　じゆうに　こいすることも　できないのか……）

　おうじは　きばらしに　みずうみへ　でかけました。
すると、みずうみに　まいおりてきた　はくちょうが
つぎつぎに　にんげんの　むすめに　かわったのです。

おどろいた　おうじは、ひとりの　むすめに　たずねました。
「あなたは　どなたですか？
　なぜ、はくちょうの　すがたを　していたのですか？」
むすめは　おうじを　みつめて、しずかに　いいました。
「わたしは　オデット。
　あくまの　のろいで　はくちょうに　されました」
オデットの　まわりに　いたのは　おなじ　のろいで
はくちょうに　された　じじょたちでした。
「わたしたちが　にんげんに　もどれるのは
　よるの　あいだだけ」

つらい めに あっても かがやきを うしなわない
オデットに、おうじは とても ひかれました。
「わたしは あなたを たすけたい。
　のろいを とくには どうしたら いいのですか?」
あくまの のろいを とく ほうほうは ただ ひとつ。
だれにも あいを ちかったことの ない せいねんが
オデットに あいを ささげることでした。

つぎの　よる、おしろで　ぶとうかいが　ひらかれました。
たくさんの　ひめぎみたちが　やってきましたが、
おうじは　すでに　こころを　きめていました。
オデットに　えいえんの　あいを　ちかうつもりだったのです。
とつぜん、ラッパの　おとが　なりひびきました。
「ロットバルト　はくしゃくと、
　れいじょう　オディールさまの　とうちゃくです！」
ながい　マントを　はおった　おとこと、
くろい　ドレスを　きた　ひめぎみが　はいってきました。
オディールを　みて、おうじは　ドキッと　しました。
オデットに　そっくりだったからです。
（いや、オデットは　もっと　きよらかな
　かがやきを　もっていた）

おきさきに すすめられ、
おうじは オディールと おどりました。
しかし、おどるうちに あたまが ぼうっと して、
なにも かんがえられなくなりました。
おどりおえたとき、おうじは すっかり
オディールの まほうに かかっていました。
ぼうっと したまま、
オディールの まえに ひざまずきました。
「オディール、あなたに えいえんの あいを ちかいます」

ひろまに ロットバルトの わらい ごえが ひびきました。
「これで もう オデットは にんげんに もどれない」
ロットバルトと オディールは あくまだったのです。
ふたりは けむりのように すがたを けしました。

おうじは みずうみへ いき、オデットに あやまりました。
「おろかな わたしを ゆるしてください」
オデットは やさしく いいました。
「わたしを たすけようと してくださった、
 その きもちだけで じゅうぶんです」

そこへ、あくまが おおきな つばさを ひろげて
やってきました。
「オデットは わしの しろへ つれていく」
あくまの おおきな かぎつめが オデットを とらえました。
「やめろ！」
おうじは あくまに しがみつきました。

そうして　もがくうち、
3にんは　みずうみに　ころげおちました。
「うわあああ」

あくまの　さけびとともに、
オデットと　おうじも　みずうみに　しずんでいきました。
じじょたちは　なきさけびました。
「オデットさまー、おうじさまー」

よが あけ、あさひが のぼってきました。
みずうみが きらきらと かがやきだしたとき、
おうじと オデットが こめんに すがたを あらわしました。
ふたりの あいの ちからが
あくまの のろいを うちやぶったのです。
おうじは オデットを みつめて いいました。
「オデット、あなたを こころから あいしています」
「わたしも あなたを あいしています」

しょうこうじょ

世界の名作（アメリカ）／フランシス・ホジソン・バーネット

セーラは　おかあさんが　びょうきで　なくなってから、
おとうさんと　インドで　くらしてきました。
でも、7さいの　とき、イギリスで　べんきょうするために
おとうさんと　わかれて、ロンドンの　きしゅくがっこうに
はいりました。

おかねもちの　おとうさんの　おかげで、
セーラには　とくべつに　ひろい　へやが　あたえられ、
こうきゅうな　ふくと　かぐが　よういされました。
ただ　もちものが　りっぱだっただけでは　ありません。
セーラの　ふるまいは　きひんに　あふれ、
みなの　ちゅうもくの　まとでした。
ほんが　すきな　セーラは、べんきょうも　よくできました。
そんな　セーラを　ねたみ、かげで　わるく　いう　こも
いましたが、おおくの　こは　セーラを　すきに　なりました。
セーラは　どうきゅうせいには　もちろん、ちいさな　こや
しょうにんの　ベッキーにも　わけへだてなく、
やさしく　はなしかけたからです。
うつくしく、やさしい　セーラは、みんなから
「プリンセス　セーラ」と　よばれるように　なりました。

セーラが 11さいに なる ひ。
がっこうで、パーティーが ひらかれました。
ミンチンせんせいが みんなに いいました。
「こんな すばらしい たんじょうびパーティーに
　まねいてくれた セーラに、かんしゃしましょう」
みんなが わっと はくしゅを しました。

ところが、パーティーの さいちゅう、
とんでもない しらせが とどいたのです。
セーラの おとうさんが しごとで しっぱいして、ざいさんを
うしない、びょうきで なくなったと いうものでした。
ミンチンせんせいは セーラに いいました。
「あなたは もう せいとでは ありません。
　おかねが ないのに、ここに おいてやるんだから、
　しっかり はたらくのよ！」

セーラは ようふくや かぐを とりあげられ、
せまい やねうらべやに おいやられました。
しようにんの ベッキーが
やってきて、しずんでいる
セーラの てを とりました。
「どんなことが おこっても、
　おじょうさまは
　プリンセスです！」

セーラは　たくさんの　しごとを　いいつけられました。
せんたくや　さらあらい、
そして、あめや　ゆきの　ひも、
そとに　つかいに　だされました。
じゅぎょうを　うけさせてもらえなくなったので、
よる、だれも　いない　きょうしつに　はいって、
ひとりで　べんきょうしました。

セーラは　どなられても、ばかに　されても、
ていねいに　こたえ、
いっしょうけんめい　はたらきました。
どんなときでも、プリンセスの　こころで
いようと　おもったからです。

それに、セーラは　わかったのです。
セーラが　みすぼらしくなっても、かわらず
だいじに　おもってくれる　ともだちが　いることを。
ベッキーと、どうきゅうせいの　アーメンガード、
おさない　ロッティの　3にんです。
3にんは　ときどき　こっそりと
セーラの　へやに　きて、
セーラの　つくった　ものがたりを　きいてくれました。
（くるしい　めに　あうと、わかるものね。
　ほんとうに　いい　ひとが、だれなのか）

178

あるひ、セーラは　うわさばなしを　ききました。
「となりの　おやしきに、おかねもちが
　ひっこしてきたのよ。インドで　しごとを　していた
　イギリスじんの　しんして、
　びょうきを　わずらっているんですって」
（おとうさまと　おなじだわ……。
　おとなりの　ごしゅじんが　げんきに　なりますように）
セーラは　よる、やねうらべやから
となりの　おやしきを　みて、しずかに　いのりました。

つめたい　あめが　ふる　ひ。
セーラは　いちにちじゅう　おつかいで　かけまわったのに、
かえってくると、ミンチンせんせいに　どなられました。
「まったく、なんじかん　かかっているんだい！」
セーラは　ごはんを　もらえず、ねむりに　つきました。
よなか、まどの　しまる　おとで、めが　さめました。
だんろに　ひが　もえ、テーブルに　ごちそうが　あります。
おいてあった　ほんを　ひらくと、
「やねうらべやの　しょうじょへ。ゆうじんより」
と、かかれていました。
　　「だれかが　わたしを　きに　かけてくれている。
　　　やさしい　おともだちが　いるんだわ」
　　　セーラは　ベッキーを　よんで、
　　　しょくじを　しました。

181

よくじつの　よるも、その　つぎの　よるも、
すてきな　おくりものは　つづきました。
なんにちか　たった　よる、セーラが
ベッキーに　ほんを　よんであげていると、
まどから　サルが　はいってきました。
「おとなりで　かわれている　サルだわ」

よくあさ、セーラは　サルを　だいて
となりの　おやしきを　たずねました。
インドじんの　めしつかいが　でてきたので、
セーラは　インドの　ことばで　はなしました。
すると、そばに　いた　おやしきの　ごしゅじん
カリスフォドさんが　たずねました。
「なぜ、インドの　ことばを　しっているんだい？」
「わたしは　インドで　うまれたんです」
セーラは　おとうさんが　インドで　しごとに
しっぱいして　なくなったと、はなしました。
さっと、カリスフォドさんの　かおいろが
かわりました。
「きみの　おとうさんの　なまえは、
　なんと　いうんだい？」
「ラルク・クルウと　いいます」
カリスフォドさんが　こえを　あげました。
「やっと　みつけた。このこだ！」

182

カリスフォドさんは　セーラの　おとうさんの
ともだちで、ずっと　セーラを　さがしていたのです。
セーラの　おとうさんと　はじめた　しごとが
せいこうして　ばくだいな　ざいさんが　できたため、
セーラに　わたそうと　かんがえていたのでした。
また、カリスフォドさんは　めしつかいから、
となりに　やさしい　むすめが　いると　きき、
こっそり　おうえんしようと、めしつかいに
ごちそうを　はこばせていたのでした。
セーラは　うれしくなりました。
「やさしい　おともだちは、あなたさまでしたのね」

そこへ、ミンチンせんせいが　たずねてきました。
「うちの　しようにんが　おじゃまし、
　しつれいしました」
そして、セーラを　みて、どなりました。
「すぐ、かえりなさい。
　たっぷり　ばつを　あたえてやるから」
カリスフォドさんは、きっぱりいいました。
「いいえ。このこは、かえしません。
　このこの　いえは、
　きょうから　ここに　なったのです！」
セーラは　ベッキーを　よびよせ、カリスフォドさんの
おやしきで　しあわせに　くらしました。

185

ピーターパン

世界の名作（イギリス）／ジェームス・マシュー・バリー

あるばん、ウェンディは いぬの なきごえで
めを さましました。
へやの すみで おとこのこが ないています。
ウェンディは そのこが ピーターパンだと、
すぐに わかりました。
まいばん ゆめに でてきたからです。
「なぜ ないているの？」
「きみの いぬが ぼくの かげを とっちゃったんだ」

ウェンディが　ピーターパンに　かげを　ぬいつけると、
ピーターパンは　おれいに　どんぐりの　ボタンを
プレゼントしました。
すると、ようせいの　ティンカーベルが
つんと　そっぽを　むきました。
ピーターパンが　ウェンディに　やさしくするので、
やきもちを　やいたのです。

ピーターパンは　ウェンディに　いいました。
「ネバーランドには　まいごに　なった
　こどもたちが　いるんだ。
　ウェンディ、みんなの　おかあさんに　なってくれない？」
「いいわよ。
　おとうとの　ジョンと　マイケルも　つれていって」
ピーターパンが　ウェンディ、ジョン、マイケルに
ようせいの　こなを　かけると、
3にんは　たちまち　そらを　とべるように　なりました。
「さあ、いこう！」
ピーターパンに　ついて、
みんなは　まどから　とびだしました。

「ふたつめの　かどを　みぎに　まがって、
　それから　あさまで　まっすぐ」
これが　ピーターパンが　いう
ネバーランドへの　いきかたです。
といっても　ピーターパンは　でまかせに　いっただけで、
ほんとうは　いくにちも　そらを　とびつづけなければ
なりませんでした。
いくにちめかの　ゆうひが　うみに　しずむころ、
ようやく　ネバーランドが　みえてきました。
ネバーランドは　にんぎょや　インディアンや
かいぞくが　すむ、ゆめと　ぼうけんの　しまです。
ウェンディ、ジョン、マイケルの　3にんは　おおよろこび。
「わあ、ゆめで　みていた　とおりだね」

でも、くらくなってくると、3にんは こわくなってきました。
ジョンは ピーターパンに ききました。
「ねえ、かいぞくが おそってこない？」
「もちろん、おそってくるさ。かいぞくの かしらの
　みぎてを ぼくが きりとってやったからね」
と、そのとき

　　ドォーン！

かいぞくの たいほうが とんできて、
みんなは ちりぢりに ふきとばされてしまいました。

かいぞくせんで てしたが かしらの フックに いいました。
「おかしら、ピーターパンには あたらなかったようです」
「ちっ。いまいましい、ピーターパンめ」

フックは ピーターパンに きりおとされた
みぎてを みました。
いまは てつの かぎに なっています。
「あのとき、おれの みぎてを ワニが たべたせいで、
　おれは いつも ワニに
　おびえなければならなくなったんだ」
ワニは フックの あじを きにいり、こんどは フックを
まるごと たべようと おいかけてくるように なったのです。
ワニは とけいを のみこんでいるので、
チクタク おとが します。
フックは とけいの おとを きくだけで、
ふるえるように なりました。
「この うらみ、ぜったいに はらしてやる！」

そのころ、そらの うえでは ピーターパンが
みんなに こえを かけていました。
「おーい、みんな ぶじかい？」
ウェンディ、ジョン、マイケル、ティンカーベルが
あつまってくると、ピーターパンは にっと わらいました。
「よしっ、ぼくらの かくれがへ いこう！」
ピーターパンが しまに おりたつと、
かくれがから こどもたちが でてきました。
「わーい、ピーターが かえってきたよ」
「おかえりなさーい」
「ただいま。みんなの おかあさんを つれてきたよ」
ウェンディを みた、こどもたちは おおよろこび。

ピーターパンは　ウェンディたちを
ちかの　かくれがに　つれていきました。
いりぐちは　きの　うろです。
こどもたちは　きの　なかを　おりたり　のぼったりして、
かくれがに　ではいりするのです。
そのひから　ウェンディは　りょうりを　したり、ねるまえに
おはなしを　したりして、こどもたちの　せわを　しました。

ピーターパンは ぼうけんの まいにちです。
あるときは インディアンの たたかいに まじり、
また あるときは みずうみで にんぎょたちと
おしゃべりをし、ときには かいぞくと やりあって
かえってくることも ありました。

あるあさ、ウェンディと こどもたちが そとに でると、
かいぞくが とびかかってきました。
ティンカーベルは かくれがで ねむっていた
ピーターパンを おこしました。
「ピーター、たいへん。
　みんなが かいぞくに つかまっちゃったわ！」
ピーターパンは ベッドから とびおきて
けんを にぎりました。
「フックめ。こんどこそ、けっちゃくを つけてやる」

かいぞくせんで ウェンディと こどもたちは
いちれつに たたされました。
フックは てつかぎで こどもたちを おどしました。
「さあ、じゅんばんに うみに おとしてやる」
と、そのとき、

チクタク チクタク……。

フックは ぶるぶる ふるえました。
「うわあ、ワニだ!
　ワニが この ふねに のりこもうと しているんだ」
ウェンディたちは ふなべりに かけよって
したを のぞきました。

ところが、のぼってきたのは ワニではなく、
ピーターパンでした。
ピーターパンは ウェンディと こどもたちの
なわを とくと、ひらりと とびあがりました。
「フック、かんねんしろ！」
こどもたちも かいぞくに きりかかります。
かいぞくたちは つぎつぎに やっつけられ
うみに おちていきました。

フックは　てつかぎを　ふりあげて、
ピーターパンに　とっしんしました。
しかし、ピーターパンが　かわしたので、
フックは　いきおいあまって

ドッポーン！

ふねから　おちて、まちかまえていた
ワニに　たべられてしまいました。
ウェンディは　ほっとしました。
「たたかいは　おわったわ。さあ、いえに　かえりましょう」

いえに かえる とちゅう、ウェンディは いいました。
「みんなで いっしょに くらしましょうよ。わたしの
　おかあさんが みんなの おかあさんに なってくれるわ」
こどもたちは よろこびました。
でも、ピーターパンだけは くびを よこに ふりました。
「ぼくは ずっと こどもの まま
　ネバーランドに いたいんだ」
そう いって、ピーターパンは ティンカーベルと
ネバーランドへ かえっていきました。
ウェンディは みおくりながら、つぶやきました。
「また いつか あえるよね」

オズの まほうつかい

世界の名作（アメリカ）／ライマン・フランク・ボーム

みなしごの ドロシーは カンザスの ちいさな いえで、
エムおばさん、ヘンリーおじさん、
そして、いぬの トトと くらしていました。
あるひ、ヘンリーおじさんが そとに でて、さけびました。
「たつまきが くるぞ！ おれは うしを みてくる」
エムおばさんは ちかしつに おりながら いいました。
「ドロシーも はやく おりなさい」

ドロシーは　ベッドの　したに　にげた　トトを
だきしめると、おばさんの　あとを　おいました。
そのとき、ものすごい　かぜの　おとが　して、
いえが　うかんだのです。
いえは　ドロシーと　トトを　のせたまま、
たつまきに　のって　そらを　とんでいきました。

ドスンと、おとを たてて いえが おちました。
あたりは はなが さいている はらっぱです。
とがった ぼうしを かぶった おばあさんが やってきました。
「わたしは きたの まじょです。あなたが わるい
　ひがしの まじょを ころしてくれた おかげで、ひがしの
　くにに くらす ひとたちが じゆうに なれました」
ドロシーの いえが、
わるい まじょを つぶしたと いうのです。
ドロシーが カンザスに かえりたいと いうと、
「オズだいおうなら、たすけてくれるでしょう」
と、おしえてくれました。

ドロシーは　ひがしの　まじょが　のこした
ぎんの　くつを　はくと、いぬの　トトと　いっしょに、
オズだいおうの　いる　エメラルドの　みやこを　めざして
あるきだしました。
まちを　ぬけ、トウモロコシばたけに
さしかかったとき、かかしに　であいました。
ドロシーから　はなしを　きいた　かかしは、
「おいらも　オズだいおうに　あって、
　のうみそを　くださいって　たのみたいな」
と、いっしょに　たびを　することに　なりました。

もりの　なかで　あったのは、
ブリキの　きこりでした。
「ぼくは　ハートが　ほしいんだ。
　よかったら、ぼくも　なかまに　してください」

さらに　あるいていくと、
おくびょうな　ライオンに　であいました。
「わしは　ゆうきが　ほしいんだ。
　わしも　いっしょに　いって　いいだろうか」

こうして、ドロシーは　なかまたちと、
エメラルドの　みやこへ
むかいました。

みちの　とちゅう、ふかい　たにが　ありました。
みんなが　こまっていると、かかしが　いいました。
「ブリキの　きこりが　きを　きりたおしたら、はしが　できる」
さっそく、きこりが　きを　たおし、
みんなで　わたりはじめました。
そのとき、ばけものが　おいかけてきました。
ライオンは　こわくて　たまりませんでしたが、
ひくい　こえで　ガォーッと、ほえました。
ばけものが　ひるんだすきに、みんなは　はしを　わたりきり、
ブリキの　きこりが　いそいで　おのを　ふりおろしました。
きりおとされた　きと　ともに、
ばけものは　たにに　おちました。

ようやく、エメラルドの みやこに つきました。
みんなが オズだいおうの へやに はいると、
おおきな かおが しゃべりだしました。
「わしこそが オズだいおうである。
　ねがいを かなえてほしければ、
　にしの わるい まじょを たおしてこい」
ドロシーたちは むりだと おもいましたが、
ねがいを かなえるために たちあがりました。
「やれるだけ やってみましょう」

ドロシーたちが にしの くにに はいると、
わるい まじょは まほうの きんの ぼうしを かぶって、
じゅもんを となえました。
たちまち つばさの ある サルたちが きて、
ドロシーたちを とらえました。
ライオンは おりに いれられ、かかしと ブリキの
きこりは こわされ、ドロシーは あさから ばんまで、
だいどころしごとを させられました。

まじょは ドロシーを わざと ころばして、
ぎんの くつを とりあげました。
「わたしの くつを かってに ぬすむなんて、ゆるせない」
ドロシーは かんかんに なって、
バケツの みずを まじょに ぶちまけました。
すると、まじょが みるみるうちに とけて
きえてしまったのです。
ドロシーは ライオンを おりから だし、
にしの くにの ひとたちに たのんで、
かかしと、ブリキの きこりを なおしてもらいました。

エメラルドの みやこに かえった ドロシーたちは、
オズだいおうの へやに いきました。
でも、オズだいおうは ねがいを かなえてくれません。
ライオンが おこって うなると、トトが びっくりして
とびあがり、ちかくの ついたてを たおしてしまいました。
と、そこには ちいさな おじさんが たっていました。
なんと、そのひとが オズだいおうとして、
おおきな かおを あやつっていたのです。
かれは ドロシーの ふるさとの ちかくから
ききゅうに のって、
ここまで ながされてきたと いいました。

オズだいおうは　まほうなど　もっていなかったことを
あやまり、かかしには　はりを　まぜた　わらの　のうみそを、
ブリキの　きこりには　きぬで　できた　ハートを、
ライオンには　ゆうきの　でる　ジュースを　くれました。
どれも　うそでしたが、もともと　かかしには　ちえが、
ブリキの　きこりには　おもいやりの　こころが、
ライオンには　ゆうきが　ありましたから、あとは、
じぶんを　しんじる　きもちだけが　あれば　よかったのです。

ドロシーは　オズだいおうと
ききゅうに　のって
かえることに　なりました。
ところが、にげだした　トトを
おいかけるうちに
ききゅうが　とびたち、
ドロシーは　ちじょうに
のこされてしまいました。

「みなみの くにの よい まじょ グリンダなら、
　たすけてくれるかもしれない」
そう きいた ドロシーは、また たびに でました。
かかしも ブリキの きこりも ライオンも いっしょです。
グリンダは みんなを あたたかく むかえ、
ドロシーに かえりかたを おしえてくれました。
そして、かかしは エメラルドの みやこへ、
ブリキの きこりは にしの くにへ、
ライオンは もりへと、それぞれ もどっていきました。

ドロシーは　トトを　だきあげると、
ぎんの　くつの　かかとを、
3かい　ならして　いいました。
「エムおばさんの　まっている　いえへ」
ドロシーは　ものすごい　はやさで　そらを　とび、
ごろごろと　そうげんに　ころげおちました。
おきあがると、カンザスの　だいそうげんでした。
ヘンリーおじさんと　エムおばさん、
あたらしい　いえが　みえます。
ドロシーと　トトは　ふたりに　むかって
かけだしました。

12の つき
スロバキアの昔話

　12がつ　さいごの　ひ。
わがままな　じょおうが
くにじゅうに　おふれを　だしました。
「しんねんまでに　かご　いっぱいの　マツユキソウを
　もってきたものに、かご　いっぱいの　きんかを　あたえる」
マツユキソウは　はるに　さく　はなです。
ふゆの　12がつに　みつかるはずは　ありません。

よくばりな　おばあさんと　その　むすめは
おふれを　しって、きんかが　ほしくなりました。
おばあさんの　いえには
はたらきものの　おんなのこが　いました。
おんなのこは　おかあさんと　おとうさんが　なくなってから、
おばあさんの　いえで　くらすように　なったのです。
おばあさんと　むすめは　おんなのこに　いいました。
「マツユキソウを　かご　いっぱいに　つんでおいで」
おんなのこは　いやがりました。
「こんな　ふぶきの　よるに　もりへ　いったら、
　こごえて　しんでしまうわ」
しかし、おばあさんと　いじわるな　むすめは　ゆるしません。
「マツユキソウを　つんでくるまで、いえには　いれないよ」

おんなのこは　ゆきの　もりを　あるいていきました。
からだは　ひえきり、はが　がちがち　おとを　たてます。
すると、とおくに　ちらちらと　たきびの　ひかりが
みえました。
（あそこまで　あるいていこう）
おんなのこは　ちからを　ふりしぼって　すすみました。
ゆきのはらに　たきびを　かこむ　ひとが　12にん　います。
としよりが　3にん、おとなが　3にん、わかものが　3にん、
しょうねんが　3にん。
かれらは　12の　つきの　せいたちでした。

おんなのこは 12の つきたちに はなしかけました。
「すこし たきびに あたらせてもらえないでしょうか」
12がつの おじいさんが いいました。
「こっちに きて あたたまりなさい」
「ありがとうございます」
おんなのこが ひの そばへ いくと、
1がつの おじいさんが たずねました。
「こんな さむい ふゆの もりに、なにしに きたんだね？」
「マツユキソウを つみにきたんです。かご いっぱいに
　しないと、いえに いれてもらえないんです」
おんなのこは わっと なきだしました。

すると、4がつの　しょうねんが　たちあがりました。
「1がつの　おじいさん。ぼくに　1じかんだけ　くれませんか」
「ああ、いいだろう。だが、つきの　めぐりは
　　じゅんばんどおりに　しなくては　ならん」
1がつの　おじいさんは　ながい　こおりの　つえで
じめんを　トントン　つきました。
「はげしい　さむさよ、ピシピシ　おとを　たてるな」
すると、ふぶきが　やみ、もりの　なかが　しずまりかえりました。
つづいて、2がつの　おじいさんが
こおりの　つえを　トンと　つきました。
「かぜよ　あらしよ、ちからの　かぎり　ふきまくれ」
すると、かぜが　おこり、ゆきが　まいました。

つぎに 3がつの しょうねんが
つえを トンと つきました。
「みずうみの こおりが われた。ネコヤナギに めが でた」
すると、ゆきどけが はじまりました。
しょうねんが もっている こおりの つえが きに かわり、
めを つけました。
そして、4がつの しょうねんに つえが わたされました。
「おがわよ はしれ。ことりが うたいだした。
　マツユキソウの はなも ひらいた」
あたりの ゆきが とけ、つちは くさに おおわれました。
マツユキソウが さき、おがわは おとを たてて ながれます。

おんなのこが びっくりして たちつくしていると、
4がつの しょうねんが かたを たたきました。
「はやく つみにいきなよ。
　もりが はるで いられるのは 1じかんだけだからね」
おんなのこは マツユキソウを つみに はしりました。
12の つきたちは くちぐちに いいました。
「あのことは なんどか もりで あったぞ」
「ふゆは まきを ひろっていた」
「なつは おがわで みずを くんでいたね」
「あのこになら、ふゆに はるを あげるぐらい おしくない」

おんなのこが マツユキソウを つんで もどってきました。
「みなさんの おかげで、たくさん つむことが できました。
　これで、いえに かえれます」
1がつの おじいさんが いいました。
「この ことは だれにも いっては いけないよ」
おんなのこは ふかく うなずきました。
「ええ。けっして いいません」

4がつの　しょうねんは　おんなのこに
ゆびわを　わたしました。
「こまったことが　おきたら、この　ゆびわを　じめんか
　みずの　なかか、ゆきに　なげて　こう　となえるんだ。
　ゆびわよ、ころがれ。
　しんねんの　たきびを　めざして　ってね」
おんなのこは　おれいを　いい、いえへ　かえっていきました。
1じかんご、1がつの　おじいさんは
トンと　つえを　つきました。
たちまち　ふぶきが　おこり、
じめんは　ゆきに　おおわれました。

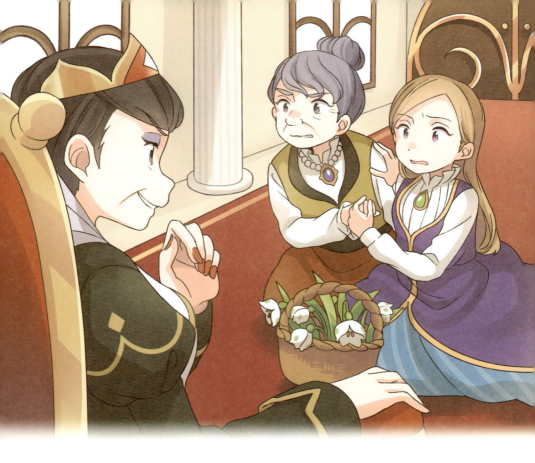

おんなのこが つんできた マツユキソウを もって、
よくばり ばあさんと いじわる むすめは
すぐに おしろへ でかけました。
じょおうは おおよろこびです。
「いますぐ、わたしを マツユキソウの さく ところへ
　あんないしなさい。
　あんないできなかったら、おまえたちの くびを きるよ」
おばあさんと むすめは ふるえあがり、
いえへ とんで かえりました。

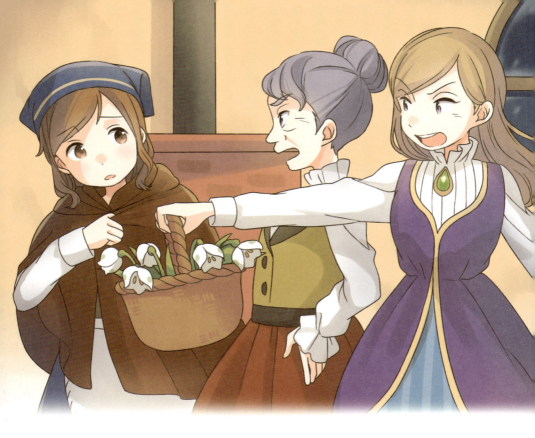

「すぐに マツユキソウの ある ばしょを おしえな。
　そうしないと、わたしたちの くびが きられるんだよ」
よくばり ばあさんと いじわる むすめに たのまれて、
おんなのこは こまりました。
だれにも いわないと、12の つきと やくそくしたからです。
でも、ころされると いう ふたりが きのどくに なり、
おんなのこは もりへ でかけました。
ゆきの なかを あるいて たどりついたのは みずうみです。
あとから、よくばり ばあさんと いじわる むすめ、
それに じょおうと へいたいが やってきました。

じょおうは おんなのこに いいました。
「はなの さいている ばしょなんて ないじゃない」
おんなのこが こまって ゆびわを みつめると、
じょおうは ゆびわを とりあげました。
「はなの さく ばしょを おしえないなら、こうしてやる！」
と いって、ゆびわを みずうみに なげこみました。
とっさに おんなのこは さけびました。
「ゆびわよ、ころがれ。しんねんの たきびを めざして！」

ごおっと おとを たてて ゆきが ふきあれたあと、
あかるい はるの ひざしが さしてきました。
すぐに あつい なつが きて、
みなは コートを ぬぎました。
その コートを つよい かぜが
どこかへ ふきとばしました。

また ふぶきが おこり、
あたりは ゆきに とざされました。
いじわるな おばあさんと むすめは
あわてて にげだしましたが、
とちゅうで ゆきに うもれて
しんでしまいました。
じょおうは ぶるぶる ふるえて
なきだしました。
「こごえしんじゃう。もう わがまま
　いわないから、たすけて！」

それから じょおうは こころを
いれかえて おとなしくなり、
おんなのこは やさしい
わかものと けっこんして
しあわせに くらしました。

クレオパトラ

伝記

こだいエジプトの　みやこ　アレクサンドリアは、
さまざまな　くにの　ひとびとが　くらし、
おおきな　としょかんを　もつ、ぶんかの　まちでした。

この　アレクサンドリアの　おうきゅうで、
おうじょとして　うまれたのが、クレオパトラです。
クレオパトラは　きょうだいの　なかでも
ずばぬけて　かしこく、10さいを　こえるころには
いくつもの　がいこくごを　はなすことが　できました。
ほかの　くにから　つかいが　きたときも、
クレオパトラは　つうやくなしで　かいわを　したので、
「なんと　かしこい　おうじょさまだろう」
と、おうきゅうじゅうで　ひょうばんに　なりました。
かしこくて　うつくしい　クレオパトラを、
おとうさんの　エジプトおうは　とても　かわいがりました。
（クレオパトラは、いずれ　だれからも　したわれる
　エジプトの　リーダーに　なるだろう）
やがて、エジプトおうが　なくなると、
クレオパトラが　18さいで　じょおうに　なりました。

229

このころ、エジプトは つよい ちからを もつ
ローマの いいなりに なっていました。
クレオパトラは もんだいを つぎつぎに
かいけつして エジプトを まもり、さかえさせました。
ところが、その かつやくを ねたんだ おとうとの
くわだてで ひとびとの ぼうどうが おき、
クレオパトラは おうきゅうを おいだされてしまいました。

おなじころ、ローマでも けんりょく あらそいが おき、
ぐんじんで せいじかの カエサルが かちました。
（エジプトの じょおうになるには
　カエサルを みかたに つけるしかないわ）
まもなく、カエサルが エジプトに やってきたとき——。
「カエサルさまに おとどけもので ございます」
じゅうたんを ほどくと、クレオパトラが あらわれました。
だいたんにも、クレオパトラは じゅうたんに かくれて、
おうきゅうに はいったのです。
とつぜんの ことに、カエサルは びっくりしました。
（てきだらけの おうきゅうに ひとりで のりこむとは……）
カエサルは クレオパトラの つよさと かしこさに
ほれこみ、クレオパトラを ふたたび エジプトの
じょおうに しました。

カエサルと　クレオパトラは　たがいに　そんけいし、
あいしあうように　なりました。
カエサルが　ローマに　もどって　1ねんご、クレオパトラは
カエサルに　よばれて　ローマに　いきました。
ふたりの　ゆめは、エジプトと　ローマを　ひとつにし、
ともに　ささえあう　おおきな　くにを　つくること。
そこで　ふたり　いっしょに　くらすことでした。

しかし、その　ゆめは　かないませんでした。
まもなく　カエサルは、うらぎりものに　よって、
ころされてしまったのです。
「そんな　カエサルが……」
けれども、クレオパトラは
かなしんでは　いられませんでした。
カエサルの　かわりに　けんりょくを　にぎる　あらそいが
はじまったからです。
　（ローマの　けんりょくしゃは　きっと
　　エジプトを　ほしがる。エジプトを　まもらなくては！）
クレオパトラは　エジプトに　かえって、
くにを　まもる　けついを　しました。

233

カエサルの　あとを　つぐことに　なったのは、
アントニウスと、オクタウィアヌスでした。
アントニウスは　ローマの　とちを　ひろげるため、
ほかの　くにと　たたかおうと　しました。
そこで、クレオパトラに　おうえんを　たのんだのです。
「カエサルさまが　なしとげられなかった
　おおきな　くにを　ともに　つくりましょう」
アントニウスと　クレオパトラは　おなじ　ゆめに
むかううち、あいしあうように　なりました。

アントニウスは　ほかの　くにとの　たたかいに　かつと、
かちとった　とちを、エジプトに　あたえました。
これに　おこったのが、オクタウィアヌスです。
「アントニウスは　クレオパトラに　たぶらかされた」
アントニウスは　いいかえしました。
「クレオパトラは　わたしの　つまだ。なにが　わるい！」
クレオパトラは　ローマに　にくまれ、
アントニウスは　ローマから　みはなされました。
もはや、たたかいは　さけられなくなっていました。
クレオパトラは、アントニウスを　おうえんするために、
たたかいの　じゅんびを　しました。

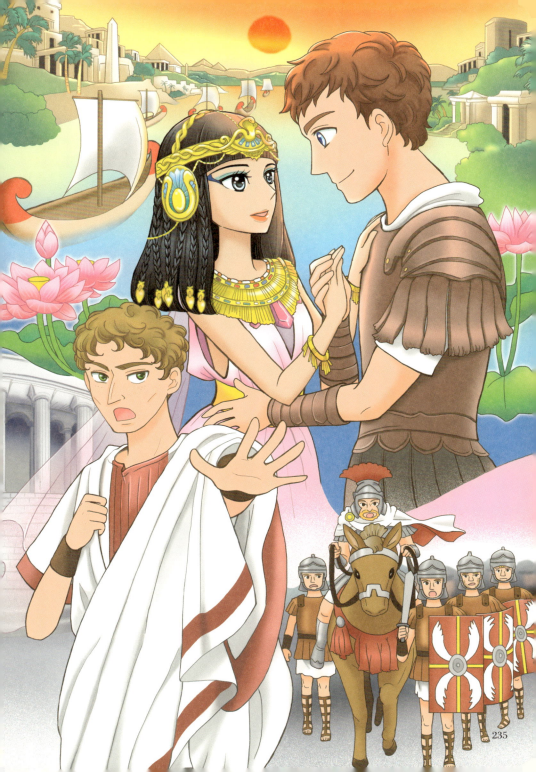

しかし、ローマぐんの　せめには　かなわず、
アントニウスは　おいつめられていきました。
アントニウスは　ローマに　てがみを　おくりました。
「けんりょくを　すべて　すてる。
　クレオパトラが　たすかるなら、わたしは　しんでも　いい」
ところが　オクタウィアヌスからの　へんじは
クレオパトラに　とどきました。
「じょおうを　やめるのなら、いのちは　たすける。
　ただし、アントニウスを　ころすのが　じょうけんだ」
クレオパトラは　きっぱり　ことわりました。

ところが、アントニウスは
みずから　いのちを　たってしまったのです。
「ああ、アントニウス……。わたしも　すぐに　いきます」
クレオパトラは　ローマぐんに　とらえられました。
オクタウィアヌスは　じぶんに　さからった　クレオパトラを
ひとびとの　まえで　こらしめ
つよさを　しめそうと　かんがえたのです。
　（そうは　させない。わたしの　じんせいは　わたしが　きめる）
クレオパトラは　みはりの　めを　ぬすみ、
どくへびに　じぶんの　からだを　かませて　しにました。
「わたしを　アントニウスの　となりに　ほうむってください」
クレオパトラが　さいごに　ねがったのは、
あいする　ひとと　えいえんの　ねむりに　つくことでした。

ヘレン・ケラー

伝記

アメリカの　みなみ、のどかな　まちの
おかねもちの　いえに、ヘレン・ケラーは　うまれました。
１さい　７かげつのとき、
ヘレンは　おもい　びょうきに　かかりました。
すうじつご、きせきてきに　ねつは　さがりましたが、
ヘレンは　ぽかんと　てんじょうを　みつめるだけで、
よびかけても　へんじを　しません。
おいしゃさんは　いいました。
「めが　みえなくなっています。みみも　きこえなくなって
　いるので、ことばを　はなすことも　できないでしょう」
ヘレンは　みえない、きこえない、はなせないと　いう
みっつの　くるしみを　せおうことに　なったのです。

ヘレンは　したいことを　からだで　あらわすように
なりました。
くびを　よこに　ふると　「いいえ、ちがいます」、うなずくと
「はい、そうです」、パンを　きって　バターを　ぬる
まねは　「パンが　ほしいです」と　いった　ぐあいです。
でも、しだいに　それだけでは　きもちを
じゅうぶんに　あらわせなくなってきました。

ヘレンは　じぶんの　きもちを
わかってもらえないことが　くやしくて、あばれたり、
わめきちらしたりするように　なりました。
おとうさんと　おかあさんは　しんぱいして、
めの　おいしゃさんなど、
いろいろなひとに　そうだんしました。
そして、めが　ふじゆうな　ひとの　ための　がっこうから、
せんせいを　よびよせることにしたのです。

しばらくして、がっこうから　ヘレンの　いえに、
サリバンせんせいが　やってきました。
ヘレンが　6さいのときです。
サリバンせんせいは、プレゼントの　にんぎょうを　わたすと、
ヘレンの　てのひらに、「にんぎょう」と、ゆびで　かきました。
ヘレンは　まねをして　「にんぎょう」と　かくことは
できましたが、それが　ものの　なまえであることも、
もじだと　いうことも、わかってはいませんでした。
ただ、てのひらに　ゆびで　なにかを　かく　あそびだと
おもったのです。

241

それからも、まいにち、サリバンせんせいは
ヘレンの　てに　もじを　かきました。
おなじことの　くりかえしに、ヘレンは　いらだち、
ものを　なげて　あばれました。

あるひ、サリバンせんせいは、ヘレンを　いどの　そばに
つれていくと、ポンプから　でている　みずを　さわらせました。
そして、もういっぽうの　てに　「みず」と
なんども　かきました。
ヘレンは　はっと、いきを　のみました。
（この　つめたい　ものが　「みず」と　いう　ものなのね）
その　しゅんかん、ヘレンの　こころに　ぱあっと、
ひかりが　さしました。
ものには　すべて、なまえが　ある。
そうわかってから、ヘレンは　てに　ふれる　ものの
なまえを　つぎつぎに、サリバンせんせいに　たずねました。
「じめん」「せんせい」「おかあさん」……。
ヘレンは　たくさんの　ことばを　おぼえました。
おぼえれば　おぼえるほど、せかいが　あかるく
かがやいていくように　かんじたのです。
ヘレンは　もじを　おぼえたあと、
ぶんしょうを　つくれるようにも　なりました。

てんじを　おぼえてからは、ひとりで　ほんを　よむことが
たのしみに　なりました。
てんじは　めの　みえない　ひとの　ための　じで、
かみに　ぶつぶつ　もりあがった　てんを　ゆびで　さわって
よみとれるように　なっています。
おもうことを　ひとに　つたえられるように　なった
ヘレンは、すっかり　おちついた　おんなのこに　なりました。

9さいの　とき、ヘレンは　サリバンせんせいと、
みみの　ふじゆうな　ひとに
はなしかたを　おしえている　がっこうへ　いきました。
がっこうでは、フラーせんせいが　ヘレンの　てを
じぶんの　くちに　ふれさせました。
こえを　だすとき、くちびるや　したが
どう　うごくかを　かんじてもらうためです。
ヘレンは　フラーせんせいの　まねをして、こえを
だしてみましたが、うまくいきません。じぶんの　こえも
きこえないので、まねしたとおりには　いえないのです。
なんども、おなじことを　くりかえすのは
つらいことでしたが、ヘレンは　くじけずに、
れんしゅうを　つづけました。
なんども　じゅぎょうを　うけたあと、ようやく
「きょうは　あたたかです」
と、はなすことが　できるように　なりました。

245

そのご、ヘレンは　いっしょうけんめいに　べんきょうして、
むずかしい　だいがくの　しけんに　ごうかくしました。
だいがくに　はいってからも、サリバンせんせいに
じゅぎょうの　ないようを　てのひらに　かいてもらって、
ひっしで　べんきょうしました。
あるとき、ざっしの　きしゃが、ヘレンを　たずねてきました。
「あなたの　これまでを　きじに　して
　はっぴょうしませんか？」
ヘレンは　サリバンせんせいや、ざっしの　きしゃに
てつだってもらって　げんこうを　かきすすめました。
ざっしの　きじは　たくさんの　ひとに　よまれました。

だいがくを　そつぎょうした　ヘレンは、
サリバンせんせいに　いいました。
「わたしは、からだの　ふじゆうな　ひとたちが
　しあわせに　くらせるような　しゃかいを　つくるために、
　ちからを　つくしたいんです。サリバンせんせいが
　わたしを　たすけてくださったように、
　わたしも　ひとの　ために　いきていきます」
ヘレンは　からだの　ふじゆうな　ひとたちが
きょういくを　うけ、しごとに　つくことが　できるよう、
しゃかいに　うったえました。
そして、にほんを　はじめ、
せかいじゅうで　こうえんしました。

「めで　ひかりを　みることは　できなくても、
　できることは　たくさん　あります。
　こころに　ひかりを　ともすことが、たいせつなのです」
くるしみを　のりこえた　ヘレンの　ことばは、
おおくの　ひとたちに　ゆうきと　きぼうを　あたえました。

文★ささき あり

東京都在住。おもな作品に『ゆめいっぱい みんなプリンセス おんなのこのめいさくほん』『ゆめいっぱい みんなだいすき おんなのこ はじめてのめいさくえほん』『ゆめいっぱい こころときめく おんなのこ かんどうのめいさくえほん』（以上、西東社）、『ふくろう茶房のライちゃん』(佼成出版社)などがある。『おならくらげ』(フレーベル館)で第27回ひろすけ童話賞を受賞。一般社団法人 日本児童文芸家協会会員。

絵★

朝日川日和 [あおいとり／まめのうえにねたおひめさま]
おうせめい [あかずきん／ゆきおんな／ななつのほし]
梶山ミカ [かぐやひめ／うらしまたろう]
花珠 [おやゆびひめ／ピーターパン／クレオパトラ]
佳奈 [にんぎょひめ／おどる12にんのおひめさま／12のつき]
スギ [しらゆきひめ／つぐみのひげのおうじ／はくちょうのみずうみ]
七海トモロウ [ヘンゼルとグレーテル／こびととくつや]
マーブルCHIKO [おおきなかぶ／しょうこうじょ／オズのまほうつかい]
maruco [ブレーメンのおんがくたい]
橙花らうん [みにくいあひるのこ／おむすびころりん／ヘレン・ケラー]

カバーイラスト　　　スギ
装丁・本文デザイン　棟保雅子
編集協力　　　　　　石田純子

※本書は、下記の当社書籍から25話を厳選し、再編集したものです。
『おんなのこのめいさくえほん』『おんなのこ はじめてのめいさくえほん』
『おとこのこのめいさくえほん』『おんなのこ かんどうのめいさくえほん』
『おんなのこ とっておきのめいさくえほん』

ドキドキときめき おんなのこの めいさくだいすき

著　者　　ささき あり
発行者　　若松和紀
発行所　　株式会社 西東社
　　　　　〒113-0034　東京都文京区湯島2-3-13
　　　　　https://www.seitosha.co.jp/
　　　　　電話　03-5800-3120（代）
　　　　　※本書に記載のない内容のご質問や著者等の連絡先につきましては、お答えできかねます。

落丁・乱丁本は、小社「営業」宛にご送付ください。送料小社負担にてお取り替えいたします。
本書の内容の一部あるいは全部を無断で複製（コピー・データファイル化すること）、転載（ウェブサイト・ブログ等の電子メディアも含む）することは、法律で認められた場合を除き、著作者及び出版社の権利を侵害することになります。代行業者等の第三者に依頼して本書を電子データ化することも認められておりません。

ISBN 978-4-7916-2687-8